高管团队认知与公司成长性关系研究

宝国坤 著

北 京
冶 金 工 业 出 版 社
2019

内 容 提 要

本书以中国中小企业板上市公司为研究背景，探讨高管团队认知对公司成长性发挥作用的微观机理，为国家供给侧改革发展战略的顺利实施提供理论与实证支持。

全书共分 10 章：1~3 章叙述团队认知研究意义及中西方学者对团队认知理论的研究进展；4~7 章构建高管团队认知与公司成长性关系模型，并实证分析理性认知对公司成长性的作用机理；8~10 章通过对中外优秀企业文化的对比分析，指出企业家精神构建的核心要素。

本书可供企业高层管理人员阅读，也可供相关领域的研究人员参考。

图书在版编目(CIP)数据

高管团队认知与公司成长性关系研究/宝国坤著. —北京：冶金工业出版社，2019. 1

ISBN 978-7-5024-7969-5

Ⅰ. ①高… Ⅱ. ①宝… Ⅲ. ①上市公司—企业管理—研究—中国 Ⅳ. ①F279. 246

中国版本图书馆 CIP 数据核字（2018）第 271854 号

出 版 人 谭学余
地　　址 北京市东城区嵩祝院北巷 39 号 邮编 100009 电话 (010)64027926
网　　址 www.cnmip.com.cn 电子信箱 yjcbs@cnmip. com. cn
责任编辑 高 娜 宋 良 美术编辑 吕欣童 版式设计 孙跃红
责任校对 李 娜 责任印制 李玉山
ISBN 978-7-5024-7969-5
冶金工业出版社出版发行；各地新华书店经销；固安华明印业有限公司印刷
2019 年 1 月第 1 版，2019 年 1 月第 1 次印刷
169mm×239mm；10. 75 印张；210 千字；160 页
40. 00 元

冶金工业出版社 投稿电话 (010)64027932 投稿信箱 tougao@cnmip. com. cn
冶金工业出版社营销中心 电话 (010)64044283 传真 (010)64027893
冶金工业出版社天猫旗舰店 yjgycbs. tmall. com

序

面对风起云涌、变幻莫测的世界经济环境，中国企业最需要的就是能够洞悉形势，做好资源分配和危机管理，使企业能够提升竞争力、不断成长。管理学之父彼得·德鲁克指出：“作为一个合格的企业管理者，既需要有‘才智’，又需要有‘直觉’；既需要有‘理性’，又需要有‘感情’；既要善于在办公室中分析研究问题，得出‘科学’的结论，又需要善于学习和借鉴别人的经验。”这就要求企业高管团队能够不断自我反思与校正，通过实践活动实现管理者认知能力的提升。以往战略管理的研究表明，企业战略行动发起和实施的前提，是管理者能够关注到环境的变革要求并进行适当的调整，而这一过程受到其认知结构与认知行为的影响，如果管理者的认知结构与认知行为不能与环境变化要求相适应，那么企业就难以发起有效的战略行动并取得期望的战略结果，进而使企业的持续发展难以为继。

在组织管理领域，管理学家大多不接受经济学家提出的“管理者是理性的”这一假定。在实际管理工作中，会有个别管理者是天生的战略专家和创新者，但更多管理者的理性往往是有限的。在以往的组织理论研究中，学者们还是过于关注管理实践中那些非人性的东西，关于认知和有关管理者特质的分析，在管理学研究中一直处于初级阶段。但组织是由个人组成的，个人的能力、文化、认知对组织决策有重要影响。近几年，虽然有个别中国学者对管理团队认知与企业惯例、管理者认知与企业动态能力之间的关系展开了理论与实证研究，但对于中国中小板上市公司高管团队认知与公司成长性之间关系展开的实证研究还未发现。本书从管理者认知视角分析其对上市公司成长性差异的作用机理，这无疑为公司成长性研究开辟了新的视角。

管理者认知与企业成长实际上是一个共同演化的过程，对于这一问题的研究，需要采用时间跨度较长的纵向案例研究法。以往中国学者基于静态视角对管理者认知展开的研究，由于缺乏对管理者认知动态变化的思考而使结论的可靠性大大降低。虽然有个别中国学者从动态角度对高管团队认知对企业动态能力的关系展开了研究，但研究的时间跨度较短。管理者认知作为管理者心理特征的表征变量，研究时间跨度短会影响研究结论的可靠性。本书对管理者认知变量与公司成长性指标选取的时间跨度较长，达 11 年，提升了研究结论的客观性。

本书采用文献综述研究法将高管团队认知表征划分为理性认知与感性认知。感性认知是指高管团队以历史经验为依据，通过感觉器官与认识对象进行实际接触后做出的判断与决策行为；理性认知是指高管团队通过抽象思维总结出的，基于高管的内在驱动所做出的判断与决策行为。理性认知包括高管团队诚信与核心理念两个维度，感性认知包括高管团队创新意识、关系构建能力、资源整合能力和组织柔性能力四个维度。本书通过实证研究发现：促进公司成长性最有效的途径是提升高管团队的创新意识，通过核心理念的引领作用提升组织的凝聚力，增强高管团队的诚信水平，提升企业的生产效率和管理效率。总之，企业高管要赢得下属的信任与支持，就必须以身作则，身体力行。只有一个人真诚坦率，有极强的自律精神，并且有一套强烈、正直的价值观，其所作所为都与价值观保持一致，这样的领导人才能带领企业成长。

很多人说，企业家是野生的，这涉及个人的性格因素，无法在商学院的教室里批量培养。但是高管团队认知是可以改进的，可以在长期的交流和互动中潜移默化，通过学习和熏陶而获得。一个优秀的企业必然是一个先进的商业思想库。企业的思想力主要通过高管团队认知体现出来，很多国内企业与国际一流企业的差距主要体现在高管团队认知的差距上。企业高管团队需要将先进的思想力通过精炼的、简单的语言表述出来，让企业内的每一个员工能够理解，并且对未来产生共识。一个基业长青的企业必然是有共识的，一个组织有共识才有未来。

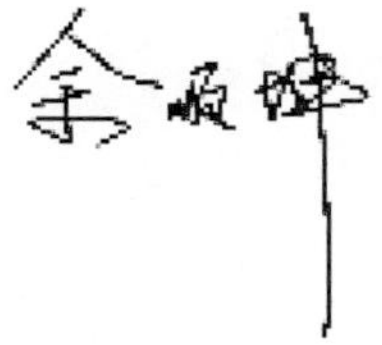

2018 年 6 月

前　言

高管团队认知是企业战略制定的基础和前提，管理者对于未来决策的设计和对决策方案的把握，以及一旦选择某个备选项之后对各种结果的考虑等，都是认知的内容。如果高管团队的认知状况不能与环境变化的要求相适应，企业就不会发起有效的战略行动并达到预期的战略结果，进而使企业的持续成长难以为继。

美国最大的领导力教育机构曾对超过1000名优秀管理者进行调查，探究他们是如何学习成长的。得出的结论是：70%的学习来自工作历练，即干中学。世事洞明皆学问，人情练达即文章。人们不仅能在工作中学习，也能在生活中成长。相对于成功而言，失败是更好的老师。大多数连续成功的人，根基都不太牢靠。没有经历过失败的领导者，往往不愿意走出自己的舒适区。失败使人变得深刻，失败使人意识到自己容易犯的错误，也会逼迫人们重新审视自己。身处困境的经历会让人更快成长。但不是所有的人都能够从失败的经历中得到教益。情商大师丹尼尔·戈尔曼发现，“失败的领导者通常都缺乏自我认知”。低效的领导者不承认自己的弱点，不愿自我反省，不愿承担失败的责任。这样的领导可能原本很聪明，但他们缺乏自我认知，导致在面对新的挑战时很难成功。而高效的领导者知晓自己的强项与短板，他们谈论并反思自己的局限和失败，并从中吸取教训。无论是在顺境还是在逆境中，他们都坚持学习，适应变化并及时做出修改。他们用心观察和思考，不断完善自我，始终保持清醒的头脑和开放的心态，不断塑造更成熟的人格，提升自我认知能力。

每一位企业家都希望自己的企业基业长青，但能长期留存的只有少数。企业做不长、做不大的根源很多，但核心根源却只有一个——

缺乏一个能引领企业永续前进、具有真正商业领袖基因的企业高管团队。在企业成长过程中，作为企业代理人的高管团队，对于外部世界的认知起着至关重要的作用。企业资源观和能力观认为，企业的高层管理团队不仅是资源、知识和能力的综合体，而且是企业内、外部环境的汇聚点，还是建立企业战略优势的关键。优秀的高层管理团队表现为对外能识别商业环境的变化、预见新的商业机遇并采取相应的措施，对内关注和采取适当的手段激励员工，充分调动员工工作的积极性和创造性，给公众传递强有力的优势信号。企业的思想力主要通过高管团队的认知模式体现出来，很多国内企业与国际一流企业的差距主要体现在高管团队认知模式的差距上。企业高管团队需要将先进的思想力通过精炼的、简单的语言表述出来，让企业内的每一个员工能够理解，并且对未来产生共识。一个基业长青的企业，必然有共同认知；一个组织，有共识才有未来。

在成书过程中，华北电力大学余顺坤老师及其弟子们，我的同事杨丽梅、赵周华、宋雪莹等都曾给予过帮助，在此表示衷心的感谢！

谨以此书献给我年迈的父母亲！

作　者

2018 年 6 月

目　录

第 1 章　绪　　论

1.1　选题背景及意义

1.1.1　选题背景

20 世纪 70 年代末，中国摆脱了僵化、封闭的计划经济，重拾增长，并获得了极大成功。成功源于经济体制改革，使人们追求个人利益的欲望有效释放。伴随着对经济活动各种束缚因素的管制放松，生产能力获得了大幅提升。那一时期由于百业待兴，资本边际效率（预期增加一个单位投资可以得到的利润率）一直处于非常高的水平，企业投资机会很多，企业关注的问题是如何将获得的收入在消费和投资之间合理配置，那时最缺乏的是投资资金的来源。当时解决投资资金不足的方式主要有两种：一是引进外资，最早是日资，后来是欧洲和美国资本，还包括利用国际组织援助的用于社会事业和基础设施的资本；二是出口创汇，用外汇收入再购买资本品。从当时的外汇交易数据可以看到，当时的外汇收入主要用于购买资本品，而不是消费品，那时扩大出口不是为了解决产能过剩，而是为了解决产能不足。那一时期中国经济改革与发展呈现出来的特点是：代表潜在生产能力的生产可能性曲线持续向外扩张，并且有充足的需求支持这种扩张，那时的大多数商品处在总需求大于总供给的状态。在那一时期，伴随着经济增长，人们逐步走出贫穷状态，对消费品的需求日益增加，很多消费品处于脱销或抢购状态。消费品需求的增长进一步刺激了投资需求的增长，这就使得中国经济增长始终处于不断外移的生产可能性边界上。这种扩张之所以快，原因就在于经济体制改革顺应了生产力的扩张。

但是，在进入 21 世纪后，中国经济改革与发展模式发生了本质变化；2007 年最早在美国发生的次贷危机，于 2008 年 9 月演变成了百年一遇的全球金融危机，欧美日经济随之陷入深度衰退，国际市场需求大幅缩减。受危机影响，中国的外贸出口也开始大幅下降，中国政府出台了“四万亿”的刺激计划，虽然减缓了中国的经济衰退，但是也造成影响至今的负面效果。自 2012 年以来，中国经济增长速度开始逐步下降，至 2016 年，经济形势仍然严峻。中国经济处在过去高速增长结束、经济发展模式急需转变的时期，这个时期因为出现了一些新的特征，大家称之为“新常态”。“新常态”的特征主要表现为以下几方面：需求方面，消费、投资和出口这三驾马车的动力逐渐减弱，国外经济不景气使得中国出口增长下降，而国内消费又发动不起来，最终只有靠政府扩大基础设施投资去刺激需求。在以前不存在产能过剩时期，中国出口的目的是为获取外汇收入购买外国资本品，但在目前阶段，中国出口的目的主要是为了解决产能过剩的问题。而出口创汇的收入主要用于购买美国国债等金融投资、国有企业的海外实业投资和带有战略意义和政治思考的对外援助，同时也有消费品的进口和居民出国购买。在供给方面，中国自然资源和生态环境的消耗已经超出了其承载能力：一方面表现为中国过于粗放的经济增长方式对生态环境与自然资源的利用超出了合理限度，人们对生态保护的需求逐渐提高；另一方面表现为近年来出现的雾霾现象越来越严重，碳排放和环境污染问题愈演愈烈，人们对化学垃圾、大气污染的反对呼声强烈。出于对生态环境的考虑，国家调低了总供给目标增长速度，GDP增速降至6.5%左右，比以前的10%左右的增长速度调低了很多；同时，国家为了降低经济出现系统性风险，相继出台了多个“降杠杆”的举措，这些举措在短期无疑会导致生产能力过剩和投资增长减缓。

因此，自2008年全球金融危机以来，中国经济发展进入了供需失衡模式。虽然生产可能性曲线仍然在外移，但是外移速度逐步降低，实际生产仍处于生产可能性曲线之内。中国以前的经济政策一直将重心放在供给方面，凯恩斯经济学也强调由政府拉动虚弱的需求，中国政府也一直致力于增加供给。为了促进GDP增长，各级地方政府采用各种举措促进招商引资，这些行为都是在推动供给；即便是有可能刺激了需求，也是从属于刺激供给的。因此，中国今后的经济政策必须是刺激需求和改善供给齐头并进，而供给侧结构性改革也不能是单纯的刺激供给，而是提升供给质量，改善现有供给结构，以提供满足需求的供给。由此可见，供给侧改革成败的关键在企业，只有成长性良好的企业，才能提供满足需求的供给，管理者的成效，成为决定供给侧结构性改革成败的关键因素。

近四年的改革开放进程，一批企业消失，一批企业崭露头角，每位有远大志向的企业家都希望自己的企业基业长青，但能长期留存下来的却只有少数。企业做不长、做不大的根源当然很多，但核心根源却只有一个——缺乏一个能引领企业永续前进、具有真正商业领袖基因的企业高管团队（王俊杰，2012）。在企业成长过程中，作为企业代理人的高管团队对于外部世界的认知起着至关重要的作用。管理学大师彼得·德鲁克强调：企业能否成功，是否长存，完全要视管理者的认知与能力而定，管理者的认知与能力是企业唯一拥有的有效优势。企业资源观和能力观认为，企业的高层管理团队不仅仅是能力、知识和资源的结合体，而且是企业内、外部环境的联结点，还是创立企业战略优势的关键。卓越的高层管理团队要求对外能清醒地意识到商业环境的变化、发现新的商业机遇并果断采取措施；对内善于调动员工的主动性和创造性，为实现公司目标而团结一致。管理者认知是战略制定的基础和前提，管理者对于未来决策的设计、对决策方案的选取以及一旦选择某个备选项之后对各种结果的考虑等，都是认知的内容。以往战略管理的研究发现，企业战略行动制定和实施的前提，是企业高层管理者能够意识到环境的变革要求并作出适当的战略调整，这一过程受到其认知行为与认知结构的影响，如果高层管理者的认知行为与认知结构没有与环境变化的要求相一致，那么企业就不会发起有效的战略行动并达到预期的战略结果，进而使企业的持续发展难以为继。本书以中国中小企业板上市公司为研究背景，探讨高管团队认知对公司成长性发挥作用的微观机理，为国家供给侧改革发展战略的顺利实施提供理论与实证支持。

1.1.2 选题意义

1.1.2.1 推进组织管理的微观基础研究

以往基于制度、惯例、文化等视角对组织理论的研究，往往忽视个人因素的作用，例如个人的认知、情感、行为、动机等对企业成长的影响。因此，越来越多的西方学者逐渐意识到组织行为研究应该更多地把视角从宏观层面转到微观上来，以探索个体自身因素及个体之间社会互动对组织能力的影响。然而，目前中国学者对企业能力提升及发展研究中，对个体与集体、微观与宏观之间的联系仍然缺乏比较系统的研究，特别是经验研究则更为不足。本研究围绕中国本土化情境，探析企业发展过程中高管团队认知演化的微观机理，这一研究对于推进组织管理理论与企业组织能力的提升，具有重要的理论价值；同时，对于全面完整地理解企业成长性差异的演化过程，完善企业管理理论，具有十分重要的意义。

1.1.2.2 完善新经济背景下高管团队认知研究的相关理论

由于对高管团队认知测量方法及工具的局限性，早期对高管团队的研究大多集中于客观特征，主要考察高管团队平均年龄、年龄异质性、高管团队学历、专业背景、性别等差异与组织绩效的关系。在对高管团队认知差异的研究上，西方学者 Carpenter 和 Sanders（2004）指出，应将高管团队客观特征为代表的理论构念从心理因素扩展到能力、行为倾向、信息获取、资源获取、人力资本、社会资本等多重因素；并提醒研究者，使用人口统计变量不过是一个替代复杂、不易获得的体系的简便方法，对于战略选择和决策过程而言，它并非关键的驱动因素。中国企业家调查系统在 2010 年度的《中国企业经营者成长与发展报告》中指出，提升企业战略决策能力的主要途径，依次为："优化高管团队的构成"、"改善企业家战略思维"、"完善组织机构与管理体制"、"鼓励员工参与"等，而高管团队认知对企业家战略思维起着决定性的作用。

回顾高管团队的研究历史，前期的研究多为静态研究，即以人口统计学特征来近似替代高管团队的认知心理过程；后期则以动态的视角，从团队过程（如沟通、协调）出发来研究其对决策行为的影响。经过 20 多年的研究探索，学界仍然没有破解高管团队认知与公司绩效之间的“黑盒子”，这就为今后的研究留出了探索空间。随着社会心理学理论和其他相关理论研究的不断深入，加上前期对高管团队研究的漫长经验探索，突破高管团队认知研究的“黑盒子”就成为国内外学者的强烈呼声，而细致深入地研究认知行为与认知规律对企业成长性发挥作用的机理，将会提高学术界对于认知理论的重视。本书基于以前学者对高层管理团队研究的理论基础，实证分析高管团队认知对企业成长性差异的作用机理，能够拓宽现有的研究范畴，得出一个更全面的关于高管团队认知与企业成长之间的理论框架。

1.1.2.3 提供理论与实践指导

中国企业在经历了粗放型快速增长后，目前正面临着产能过剩、生产成本上升的严峻考验，企业能否顺利完成转型升级、实现供给侧结构性调整，是当前政府、企业和全社会共同关注的话题。本书紧扣当前经济运行与企业经营实践中的关键问题，明晰新经济背景下企业成长的内涵、特征与作用机制，为当前处于复杂动态环境下的企业发展提供重要的实践指导。

总之，企业作为社会生活的重要组成部分，是实现经济发展、促进人民生活质量改善的根基。企业如何面对动荡不定、纷繁复杂的外部世界，消除阻碍企业发展的瓶颈，实现可持续发展，对于组织理论研究和企业管理实践来说，都具有重要意义。对于这一问题的深入分析，可以帮助人们寻找更为有效的组织能力提升和发展战略，从而实现企业基业长青。

1.2 研究内容与创新点

1.2.1 研究技术路线

认知存在个体和集体两个层面，即个体认知和集体认知。集体认知是集体内的成员在特定事物上所达成的共同观点或信念。因此，个体认知对集体认知的形成起重要作用。但个体认知能否转化为集体认知，取决于集体的团队文化、冲突、互动以及个体认知随着情景的变化而不断演化的过程。管理学大师诺埃尔·蒂奇曾说过：任何一个企业组织或公共机构能取得成功，一定是在企业组织或公共机构的每个层面上都有许多的领袖人物，优秀的管理团队是组织基业长青的关键。Ham brick 和 Mason 等研究表明，研究整个高层管理团队比研究最高管理者，能够更好地解释组织的战略选择与绩效，因为 CEO 必须与其他团队成员分担任务与权力。基于以上背景，本书以高管团队认知作为研究基础，研究技术路线图如图 1-1 所示。

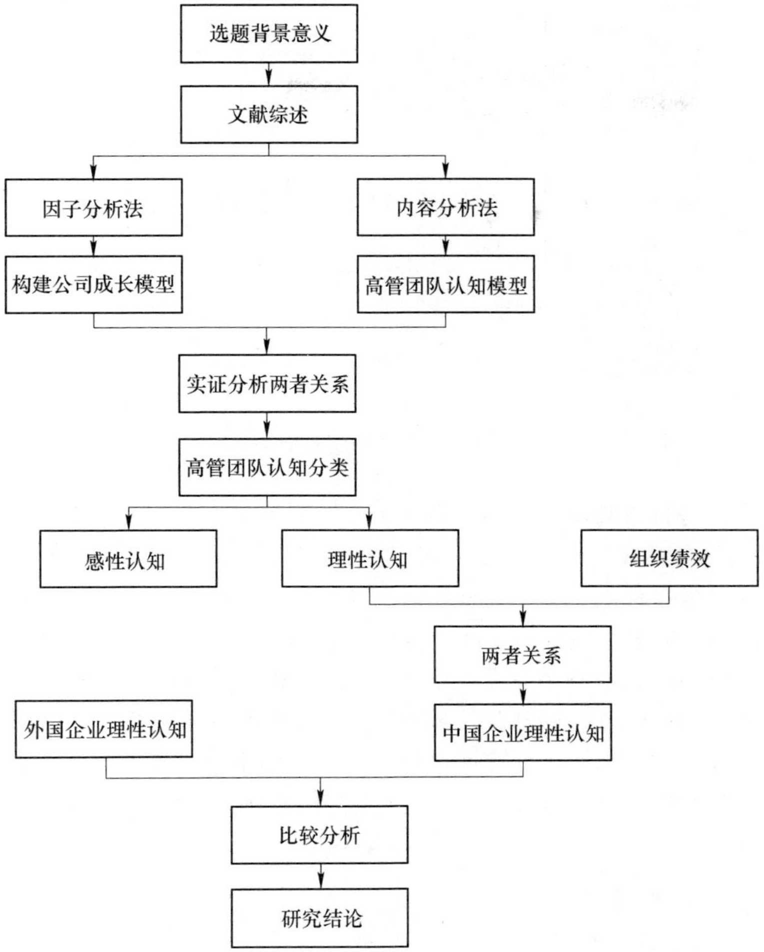

图 1-1 研究技术路线图

基于以上的技术路线，本书将高管团队特征划分为认知特征与客观特征，通过理论与实践两方面对高管团队认知特征与客观特征对公司成长性的影响展开分析，研究的逻辑框架如图 1-2 所示。

1.2.2 研究内容

通过上述技术路线图可以看出，本书的主要内容包括以下几个方面：

（1）完善高管团队认知理论。目前在企业组织学习与能力发展中，个体与集体、微观与宏观之间的联系仍然缺乏比较系统的研究，特别是经验研究则更为不足。本书着重围绕中国本土化情境下企业发展过程中高管团队认知演化及其相关影响因素。从实证层面研究高管团队认知对企业成长性差异的作用机理，补充

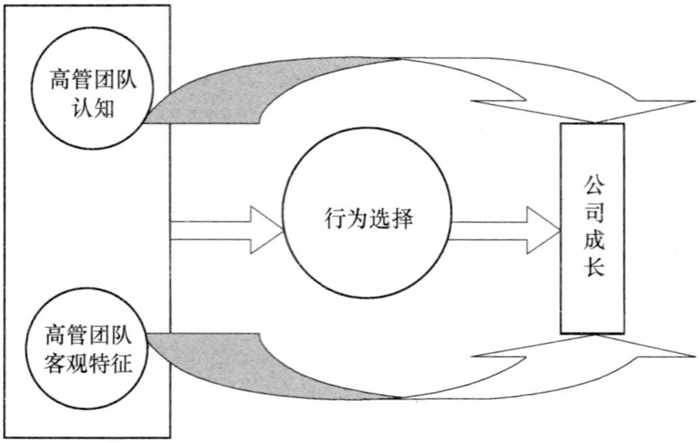

图 1-2　本书的逻辑框架

与完善转型经济背景与新兴市场环境下企业发展与变革的相关理论。

（2）构建公司成长性模型。公司成长性无论是量的增长还是质的提升最终都会反映在财务指标上，为了客观反映公司成长性差异，本书以中国中小板2005年以前上市的200多家企业近十年的年度报表为依据，计算出反映盈利能力、营运能力、投资报酬状况和企业发展潜力4大项20个小项的财务指标。研究采用因子分析法将20项指标进行降维处理后提取出几项重要指标，以这几项指标的方差贡献率为权重，构建企业发展评价模型，对中小企业板上市公司近十年发展状况进行评价排序。公司成长性评价模型如图1-3所示。

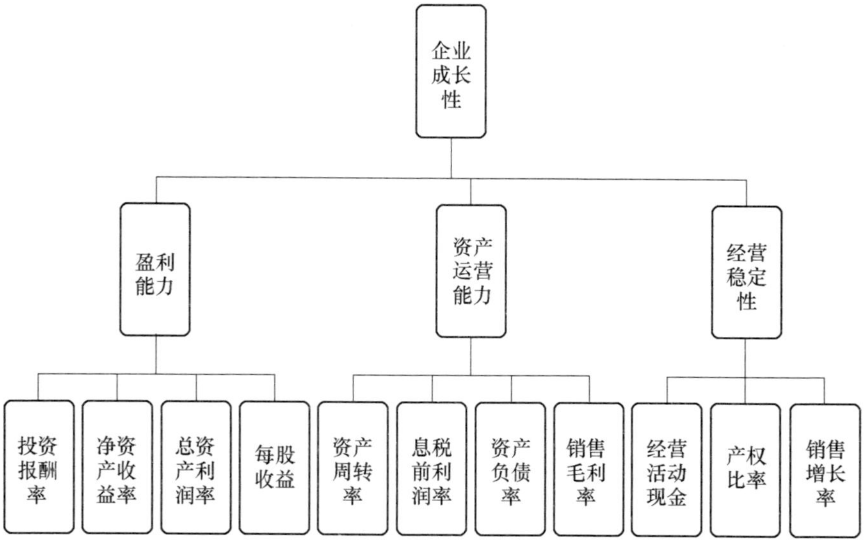

图 1-3　公司成长性评价模型

（3）构建高管团队认知模型。本研究基于高层梯队理论、团队认知理论及注意力基础观理论，随机抽取20家中小板上市公司近十年的年报、半年报、临时公告等公开资料，采用内容分析法提取高管团队认知表征变量，采用专家访谈法对各变量进行分析检验，最终确定高管团队认知的分析维度及赋值标准，构建高管团队认知模型，分析其对公司成长性发挥作用的微观机理。

本书根据马克思主义哲学认识论，在前人研究文献基础上，将管理者认知划分为感性认知与理性认知两部分：感性认知是指高管团队以历史经验为依据，通过感觉器官与认识对象进行实际接触后做出的判断与决策行为；理性认知是指高管团队通过抽象思维总结出的、基于高管的内在驱动所做出的判断与决策行为。感性认知与理性认知包含表征如图1-4所示。

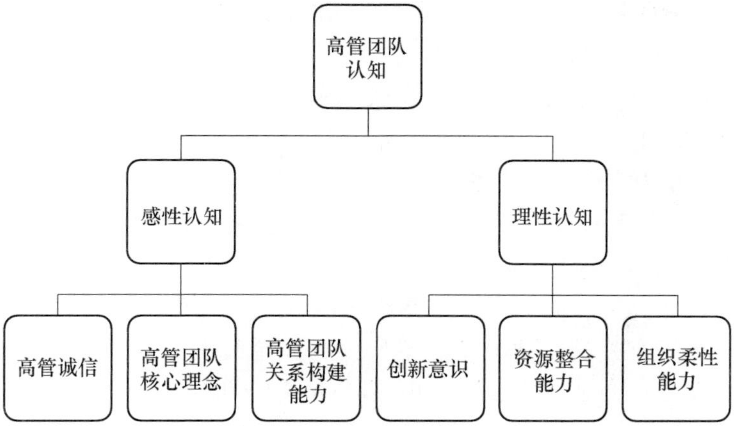

图1-4 高管团队认知模型图

为了客观评价管理者认知与企业发展之间的关系，本研究对认知变量采用定量与定性两种方法赋值，对于感性认知变量存在确切数据则用定量指标，对于理性认知变量需要定性分析后赋虚拟值。

（4）实证分析高管团队认知对公司成长性的作用机理。由于高管团队认知变量既包含截面数据，又包含时间序列数据，公司成长性也是时间序列数据。本研究采用state统计分析软件中面板数据分析法，实证分析高管团队各认知表征与公司成长性之间的关系。采用文献分析法得出高管团队理性认知对公司成长性起决定作用。

（5）中外企业核心理念对比分析。本书将中小企业板综合绩效较好的上市公司与综合绩效较差的上市公司核心理念与高管诚信情况进行了实证分析并找出两者间的差距。研究采用案例分析法，将世界著名百年企业与中国优秀企业核心理念的内容与执行情况进行对比分析，找出差距并提出改进建议。

1.2.3 研究方法

由于受研究方法的限制，多年来对高管团队认知的实证研究一直进展缓慢，这在一定程度上制约了团队认知理论的发展。本书基于中西方学者对高管团队认知研究的最新进展，采用理论分析与实证分析相结合的方式展开研究，主要的研究方法如下：

（1）文献综述研究法。文献综述研究法是根据指定的研究目的，收集整理相关领域研究学者的已有研究成果分析研究问题的发展脉络，从而全面掌握所要研究问题的一种方法。文献综述研究法广泛适用于各种学科研究中，其作用包括：1）能了解有关问题的来龙去脉，帮助确定研究问题；2）能形成研究者对研究对象的一般印象，有助于继续观察和访问；3）能得到现实问题的比较资料；4）有助于了解客观事物的全貌。

西方学者 Ghauri 等人（1995）指出，文献综述法的主要目的是为研究定位使研究问题结构化。

本书前6章内容中每一章都采用了文献综述研究法对高管团队认知与公司成长性问题做了分析与评述，理清了现有研究的主要观点及趋势，在此基础上提出了本书的研究论点及研究方向。

（2）案例研究法。案例研究法是组织管理学研究的主要方法之一，也是验证管理理论是否有效的主要方法。案例研究法是解决“为什么”和“怎么样”之类问题的首选方法（Eisenhardt，1989；Yin，1994）。本书在第7、8两章中采用案例研究法分析中国和外国公司核心理念的执行情况，找出中国公司在核心理念的制定与执行过程中存在的问题，可以更清楚地理解高层管理者认知与公司成长性相互作用及共同演化机理。

（3）内容分析法。近年来对团队认知理论的研究一直进展缓慢，其中对团队认知的测度是困扰其发展的主要难题。不过，随着中西方学者对团队认知理论研究的拓展，对团队认知的测度方法也取得了长足发展。内容分析（content analysis）也称为文本分析（text analysis），是定性分析与定量分析相交叉的一种方法，目前广泛应用于社会科学各领域。西方学者 Shapiro 和 Markoff（1997）指出，内容分析法是“基于某一社会科学的研究目的，任何应用于文本材料分析上的方法学上的度量”。内容分析法承认语言在表达人类认知问题上的重要性，通过对所表达文本内容的分析，可以把握相关研究对象的认知模式或注意力的变化。目前，内容分析法是认知研究的一种重要方法。本书在第5章中对高管团队认知变量的提取采用了内容分析法，邀请5位专家学者对中小企业板上市公司十年的年报和对外公告信息进行阅读分析，提取高管团队认知变量的分析维度。

（4）质性分析与统计实证相结合。统计实证分析法是根据大量样本数据的统计分析，揭示事物之间存在的相互规律和关系，揭示复杂社会现象中起重要作用的解释变量与被解释变量之间关系的一种分析方法。西方学者 Easterby Smith 等（2009）在对企业发展研究所使用的方法中提出：质性分析的长处在于能提供相关过程的详细描述。本研究中使用质性分析有助于把握高管团队理性认知对组织绩效发挥作用的微观机理，而统计分析的优势在于表达相关变量的关系时更加直观精确。因此，本研究采用质性与统计分析相结合的方式探讨高管团队认知对公司成长性的影响。

本书在第 4 章基于中国中小企业板上市公司近十年年报数据，采用因子分析法中的主成分分析，提取公司成长性分析维度进行公司成长性的分析；在第 5 章、第 6 章中对高管团队认知变量的提取及高管团队认知与公司成长性的关系分析，都采用了统计实证分析方法。在第 7 章对高管团队认知的划分中，对于理性认知重要性的判定研究采用了质性分析法。

1.2.4 创新点

根据本书的研究内容与方法，总结出本书的创新点如下：

（1）在组织管理领域，管理学家都不接受经济学家提出的“管理者是理性的”假定。在实际管理工作中，会有个别管理者是天生的战略专家和创新者，但更多管理者的理性往往是有限的。在以往的组织理论研究中，学者们还是过于关注管理实践中那些非人性的东西，关于认知和有关管理者特质的分析在管理学研究中一直处于初级阶段。但组织是由个人组成的，个人的能力、文化、认知对组织决策有重要影响。近几年，虽然有个别中国学者对管理团队认知与企业惯例、管理者认知与企业动态能力、管理者认知与企业战略选择之间的关系展开了理论与实证研究，但对于中国中小板上市公司高管团队认知与公司成长性之间关系展开的实证研究还未发现。本书从管理者认知视角分析其对上市公司成长性差异的作用机理，这无疑为公司成长性研究开辟了新的视角。

（2）管理者认知是由管理者思维决定的，而管理者思维是随着管理者学习能力和客观环境的变化而变化的。因此，管理者认知也不是一成不变的，而是随着管理者思维的变化而发展演化的。学者 Hrebiniak & Joyce（1985）提出：企业的战略选择必须与环境变化相匹配，而保持匹配的关键在于企业管理者认知变革与新环境相适应。管理者认知与企业成长实际上是一个共同演化的过程，对于这一问题的研究需要采用时间跨度较长的纵向案例研究法。以往中国学者基于静态视角对管理者认知展开的研究，由于缺乏对管理者认知动态变化的思考而使结论的可靠性大大降低。虽然有个别中国学者从动态角度对高管团队认知对企业动态能力的关系展开了研究，但研究的时间跨度较短。管理者认知作为管理者心理特征的表征变量，研究时间跨度短会影响研究结论的可靠性。本书对管理者认知变量与公司成长性指标选取的时间跨度较长，为11年，提升了研究结论的客观性。

（3）企业自主创新的关键在于制度创新，一种能够提供个人激励的有效制度是促进企业创新的决定性因素。管理者认知变革是制度创新实施的前提和保证。由于管理者认知具有不断增强的凝滞特性，不会轻易随着环境和企业绩效的变化而改变，很多企业的管理者认知直到企业破产都没有发生过变化。同时，由于管理者认知与企业惯例行为融合在一起，且独立于决策者而存在，企业甚至无法通过更换CEO或更换高管团队成员来快速完成管理者认知变革。西方学者Grégoire和Kaplan（2011）提出，现有对管理者认知进行的研究存在以下问题：第一，企业战略决策者由于认知的凝滞特征，往往主观上缺乏推动管理者认知变革的意愿（Kaplan，2008），但现有研究却常常潜在地认为战略决策者有强烈的变革要求；第二，现有对高管团队特征的研究大多只关注高管团队客观特征对组织绩效的影响，由于受研究方法的限制，对高管团队心理特征的实证分析相对匮乏，因而对管理者认知进行的实证研究一直进展缓慢。这在一定程度上制约了管理者认知理论的发展。而内容分析法承认语言在表达人类认知问题上的重要性，通过对所表达文本内容的分析，可以把握相关研究对象的认知模式或注意力的变化。本书基于注意力基础观理论，随机选取总样本的10%即20家上市公司对外公布的全部信息，基于信息内容采用内容分析法提取出高管团队一般认知表征，聘请管理学专家及证券分析师对一般认知表征进行赋值打分，整合后将其划分为：创新意识、核心理念、高管诚信、资源整合能力，组织管理能力和关系构建能力六大项十一个小项指标。其中，创新意识、资源整合、组织管理和关系构建能力采用定量指标分析，高管核心理念、高管诚信采用质性指标分析。对高管团队认知表征的维度划分及赋值依据构成了本研究的又一个创新点。

（4）政治学家、历史学家和研究领导力的学者一直热衷于探索领导者获得并行使权力的方式。领导者的权力大多来自其职位或法定权力、实施奖惩权力、知识技能权力以及个人魅力。学者们根据领导力发挥作用的不同，将领导划分为事务型与感召型两种，前者以奖励与惩罚为主实施领导，后者以领导的道德价值和个人素质为基础实施领导。无论是在商业领域还是社会生活领域，学者们更多地将注意力集中于领导者所取得的成就上，而对领导力实施过程中道德资本所起到的作用则关注较少。本书采用文献综述研究法将高管团队认知表征划分为理性认知与感性认知，感性认知是指高管团队以历史经验为依据，通过感觉器官与认识对象进行实际接触后做出的判断与决策行为。理性认知是指高管团队通过抽象思维总结出的，基于高管的内在驱动所做出的判断与决策行为。理性认知包括高管团队诚信与核心理念两个维度，感性认知包括高管团队创新意识、关系构建能力、资源整合能力和组织柔性能力四个维度，研究采用案例分析法实证分析高管团队理性认知对组织绩效的作用机理。对高管团队认知的划分依据和方法，不仅构成了本研究的另一个创新点，同时填补了国内高管团队理性认知研究实证分析的不足。

本书试图在以下两个方面有所贡献：

（1）构建较为完整的团队认知动态模型，探索团队认知对公司成长性的微观作用机理，打开团队认知演化的过程黑箱；

（2）指出企业高管团队感性认知与理性认知对公司成长性影响程度的差异，为企业理性认知构建提供理论与实证支持。

第2章　高管团队认知理论综述

2.1　领导理论研究文献

组织行为学一直把对领导理论的探索作为其研究的热点之一。管理学者们也总是试图找出一种方法，旨在如何更好地塑造一个优秀的领导者、如何才能提高领导者的组织能力和企业绩效。众多学者通过理论和实证研究得出领导效能是影响组织绩效最重要的解释变量之一。例如，对于美国苹果公司的成功，源于乔布斯“敢为天下先”的胆识；而中国华为公司的发展，离不开企业家任正非的务实领导，等等，这样的案例不胜枚举。

在学术领域，对企业领导与组织绩效的关系研究从未停止过，但却未得出一致性的结论。Finkelstein 和 Hambrick（1996），Tsui、Zhang 和 Wang（2006）等学者认为，企业领导对组织绩效有显著正向影响，而 Meindl、Ehrlich 和 Dukerich（1985），Hannan 和 Freeman（1984）等学者却认为影响并不显著。之所以出现这样的结果，是由于研究者对领导行为研究视角或偏好的不同，导致了研究结论的不同。

一些学者将领导者与普通员工的人格特质进行对比，从而发现并形成了领导特质理论，代表性学者有 Stogdill（1948，1972）等人。从20世纪初期开始，很多学者开始从事对领导特质的研究，所使用的方法大多是以标准化测验来检测管理者的人格与智力，以及观察其在特定事件发生时的行为表现等。早期对领导特质研究的学者，主要是对于一般特质的探讨，认为管理者的人格特质应该包括坚决、勇敢、友善、自信和机智等。早期借以区分领导与被领导者人格特质的研究尚未取得成功。究其原因，是由于领导特质具有较强的情境依赖性，在某种环境下成功的领导特质，换成另外一个环境则可能不成功。研究者很难找出具有普遍性的管理者特质，因而对于领导一般特质的研究逐渐失势，取而代之的是对领导者共同特质的研究。西方学者 Stogdill（1972）曾对1904~1947年的124项关于领导特质的研究文献进行分析，总结出了能力、责任、地位、成就和参与5项领导应具备的要素。Stogdill（1972）指出，领导者的特质取决于领导所在环境的特性，不同层级的领导所具备的特质是不相同的。适合于某一情境中的领导特质，换另一情境却未必适合。因此，领导特质是存在于某一具体情境中的人与人之间的特定关系。领导特质理论研究者试图从高效能领导者身上发现一些天赋的特质，但研究结论却不一致。但领导特质理论为后续领导理论的发展拓宽了研究思路，如 McClelland 提出的领导胜任特征理论以及 Adiyta 和 House（1997）提出的魅力型领导理论等。

另外一些学者根据领导者个体行为特征来解释领导过程，从而形成了领导风格理论或领导行为理论，代表性学者有 Likert（1967）、Blake 和 Mouton（1985）等人。领导行为理论认为领导特质理论过于关注领导者内在的性格特征，而内在特征对于领导效能的解释并不具有说服力，因此在 20 世纪 40 年代，随着行为主义心理学的发展，对领导外显行为的研究随之兴起。管理学家们在调查中发现，领导者的领导行为与领导效率之间有着密切关系。俄亥俄州立大学学者 Hemphill（1941）采用因素分析法，从多个领导行为要素中抽出了“抓组织和关心人”两个基本因素，并采用量表法测度这两个领导行为的效果。之后，该大学的另一位学者 E. Fleishman（1948）对领导效能展开了实证研究。他们使用多种问卷进行大量测试后，总结出“创立结构”和“关怀体谅”两种高效领导行为。其中“创立结构”是指领导把行为重点放在完成组织绩效上。而“关怀体谅”是指领导关心下级福利与需要，信任下级、友爱温暖等。与领导特质研究相比，对领导外显行为的研究具备两点优势：首先，对领导的内心活动无法界定和测度，内在特质只有通过外显行为才能表现出来，因此外显行为较易观察和测量，使其更容易展开实证研究；其次，由于领导行为有可能不是天生的，而是后天习得而来，即领导的外显行为是可复制的，因此，对优秀领导者的外显行为可以总结分析，进而使更多的人学习掌握。对领导外显行为的研究通常通过领导行为描述问卷法（Leader Behavior Description Questionnaire，简称 LBDQ）进行测量。该方法实现了对领导问题的量化分析，突破了传统领导特质理论不易测量的局限，拓宽了高绩效领导效能研究的理论解释空间，对于后人对领导行为的学习研究提供了理论支持和实践指导。但这种研究范式的缺点，是不同研究者得出的研究结论不同。例如，外国学者 Flynn 和 Staw（2004）和 Agle 等（2006）对魅力型领导风格对组织效能的影响得出的结论并不一致。又由于各国社会情境和文化传统有其自身的特殊性，使得研究者对在西方文化环境基础上产生的领导行为理论能否在中国有效应用产生怀疑。因此，有学者提出在领导行为的研究过程中，不仅要重视行为本身，还要考虑情境因素，由此产生了领导权变理论。

领导权变理论提出：为了实现高效领导，应该依据各自情境的特点实施适合各自情境的领导方式。西方学者 Fielder（1971）提出的权变领导模型、Vroom 和 Yetton（1973）以及 House（1971）提出的领导者参与模型是这一理论的典型代表。所谓“权变”，就是“依具体情况或情境而变”。该理论的核心是指：领导效能的高低与其所处的工作性质、外在环境以及下属能力等情境因素或称为权变因子之间有较高的相关性。因此，领导者所处的内外环境是影响领导效能发挥的关键因素。领导者要在对其行为所处的环境等权变因子充分了解和把握后才能采取行动。由于领导所处权变因子的不同，也就找不到任何一种领导风格一定优于其他领导方式或形态。实践中会发现，成功的领导者中有的风格细腻，有的风格粗犷，有的风格外向幽默，有的沉稳内敛。既不存在普适的领导风格，也没有万能的领导特质。某一情境下成功的领导风格，换成另一种情境可能完全无效。因此，高效能领导应该根据所处情境或称权变因子的不同，选择不同的领导方式。权变理论研究的重点和难点是如何有效分离出所处的情境环境。中西方学者对权变理论的研究积累了丰硕的成果，比较有代表性的有美国学者 Fielder（1971）提出的 Contingency model of leadership effectiveness 即费德勒模式、Vroom 和 Yetton（1973）开发的（Leader participation model）领导者参与模型、House（1971）提出的路径-目标理论以及中国学者提出的领导成员交换理论（韩翼、杨百寅，2011；王辉和牛雄鹰，2004）等。

以上提出的几种领导理论分别从不同研究视角以及概念结构出发，对领导特征进行了阐释，而且每一种新理论都是在不断借鉴甚至推翻前人理论的基础上发展起来的，这使得领导理论研究随着时间的推移呈现出明显的阶段性特征。上述理论为本研究提供了两点启示：

第一，从传统的领导特质论到领导行为论，再到领导权变理论，都是以领导行为为起点展开研究；同时，研究结论也证实，不同的领导行为会对组织绩效带来不同的影响。因此，未来对领导理论的研究可以从行为角度展开。

第二，不同领导理论的研究视角虽不相同，但都是围绕单个领导特征或行为展开研究。然而现实中很多企业的优秀领导者离职或去世了，其所在的企业并没有因为领导者的离职或去世而消亡。同时，随着企业经营环境不确定性的增强，产品更新换代明显加快。因此，消费者需求变换加快，企业间竞争力加剧。单个领导者的能力已无法满足环境变化的要求，企业经营绩效的差异更多地取决于企业的高层管理团队，单独一个人（如总裁）的效用往往是有限的。因此，对高层管理团队的研究随之而起。对高层管理团队展开研究，其结论能更客观地反映公司管理的实际。

2.2　高阶理论综述

每个人都有盲点，我们的盲点限制了我们获得别人信任的能力。不论个体多么真诚，都可能由于自身行为的不妥而威胁或伤害到他人。高管团队由于能发挥合作效用而被看做是解决单个领导者能力不足的有效方案。1984 年，美国管理学家 Ham brick 和 Mason 在《Academy of Management Review》期刊上刊发了《高阶组织——作为高层管理人员的反映》一文，文中提出的“高层梯队理论”（简称高阶理论）开创了“高管团队”研究的先河。高层梯队理论以高层管理团队为研究对象，以社会心理学、认知心理学和组织行为学理论为基础，研究高管团队行为选择对组织绩效的作用机理。该理论提出高管团队的行为选择是由团队的特性、价值观以及认知所决定的，由于高管团队自身特点的不同，他们对自身环境做出的反应和解释也不相同，他们会根据团队认知选择不同的发展路径进而作用于组织绩效。

高阶理论成立的前提是承认人是有限理性的，且具有不同特征的高层管理者对组织的战略选择和组织绩效产生的影响不同。卡内基学派的学者 March 和 Simon 也从理论上支持了高层梯队理论。他们在其专著《Organizations》一书中提出：企业在制定复杂的战略决策时，不能只为达到利益最大化，而要权衡各种因素的相互作用。依靠纯粹的经济学理论及完全理性的经济人假设研究复杂环境中的决策问题，其结论的可靠性值得商榷。因此，应该承认“人”具有“有限理性”的特点，单纯用经济学假设研究复杂环境下高管团队的决策行为，其效果可信度较低，而对高管团队行为选择的分析反倒越适用。有限理性下的高管团队战略选择如图 2-1 所示。

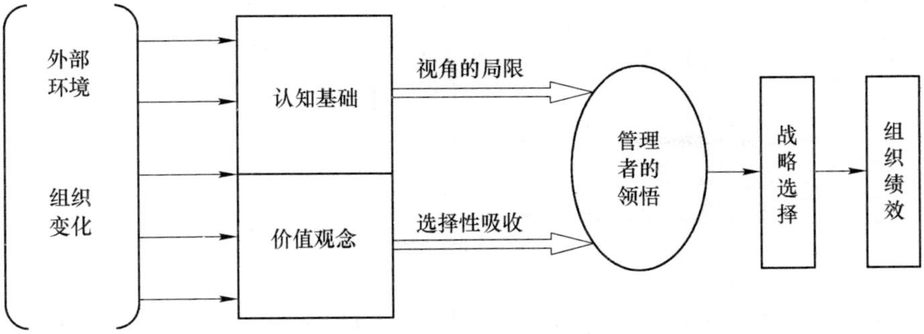

图 2-1 有限理性下的战略选择

Pitcher 等学者指出，高管团队涵盖范围的不同是导致其研究结论不同的原因之一。一般来看，学者对高管团队的划定来源于两个渠道：其一是根据对企业高管人员的访谈记录、调查问卷或口述来确定高管团队的组成人员，这种方法在对中小企业进行的问卷式实证研究中运用比较广泛；另一种是根据以前学者的文献记录来确定高管团队的组成范围，中国学者大多采用该方法。美国学者 Murtha 等曾为高管团队包括的人员作了较为精确的界定：高管团队一般包括参与企业战略决策制定和实行的高层管理人员，比如总裁、CEO 以及重要部门的高级经理。对于中国上市公司来说，高层管理团队通常包括公司对外公布的高管人员（不包括独立董事），主要有上市公司正、副董事长，正、副总经理，执行董事，财务总监，总会计师，总工程师等高层级管理人员。

自从高阶理论提出以来，对高管团队的研究就成为组织行为学研究的热点问题。高阶理论认为：个体领导者由于受到自身能力和知识所限，在面对动态复杂环境时作出的决策往往不是最理性的，而弥补这种缺陷的方法是让团队作出决策，由此团队所具有的客观特征就成为研究的重点。最初对高管团队的研究就是从客观特征展开的，并产生了大量实证研究成果（Kor，2003；贺远琼和陈峋，2009）；随后研究者又提出企业战略是一项复杂的决策过程，而决策是由管理者的自身偏好所决定的，即决策行为选择体现出了管理者的自身偏好，同时这些偏好体现出了决策者的认知或个性，偏好还反映了决策者的价值观和逻辑思维习惯等（Hambrick 和 Mason，1984；McCain，O'Reilly 和 Pfeffer，1983）。因此，Hambrick 和 Mason 将管理者认知作为管理者心理特征的研究范畴，并将高管团队特征分成两种：一种为客观特征，一种为心理特征。高管团队理论主要内容如图 2-2 所示。

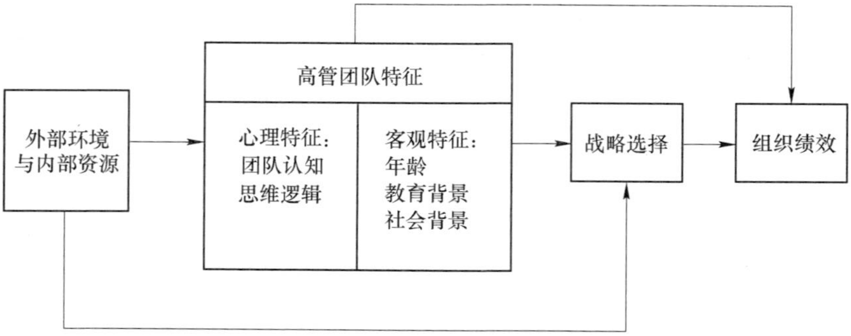

图 2-2　高管团队理论主要内容

一般来说，TMT 的客观特征包括管理者任期时间、平均年龄、职能类型、社会关系、教育背景和经济基础等；而心理特征包括管理者认知、思维、情感、习惯等。由于对高管团队心理特征的测试较为困难，Hambrick 和 Mason 又提出可以用客观特征变量代替心理特征（如认知、价值观等）进行实证分析。随后，众多学者从不同角度对高管团队客观特征展开研究，Wiersem 和 Bantel（1992）指出，高管年龄异质性越大，其价值观和信念差异也越大，导致企业团队内聚力下降，对组织绩效会造成负面影响。Tihanyi 等则认为，高管团队平均受教育水平越高，能获得的有效信息就会越多，越有利于公司发展战略的制定。高管团队学历异质性越大，团队解读有效信息的能力越强，越容易采取变革和创新战略。因为教育水平异质性越大的高管，在公司面临环境变化时，越容易通过外界交流而迅速获得新观点，更新原有团队的思想框架，使企业应付复杂环境变化的能力增强。Bird（1993）则认为，企业高管文化差异越大，对企业管理效率、组织士气和战略决策的影响也越大，进而影响企业绩效。Athanassion（1999）提出，对于开展跨国经营的企业而言，高管团队任期异质性越大，企业制定的战略方案越容易被执行；而管理者的任期越长，企业的价值观和行为模式更容易被认同。

Dempster 和 Hart（2002）指出，高管性别差异会对某一问题的认知及处理方式带来不同影响，继而影响组织绩效（任颋和王峥，2010）；而高管任期时间会影响企业战略选择，继而影响企业绩效，甚至对组织研发产生显著影响（Finkelstein 和 Hambrick，1996；刘运国和刘雯，2007）；姚振华等（2011）指出，具有相似人口特征的高管团队成员之间更容易拥有共同语言，关系也更融洽，更有利于团队任务的高效完成。反之，高管团队成员人口特征异质性越大，沟通越顺畅，企业面对环境变化时的反应越迟钝，从而使企业竞争力下降。徐经长、王胜海（2014）指出，若其他条件不变，公司核心高管的平均年龄以及平均任职期限与公司成长性显著相关，但高管的平均学历与公司成长性的相关性不显著。对于国有与非国有控股企业，高管人口特征与公司成长性之间的关系有显著差异。

上述学者均是用高管团队客观特征代替心理特征来研究高管团队与组织创新、高管团队与组织绩效的关系等。究其原因主要基于以下两点：一是高管团队的思维逻辑、认知基础和管理者的注意力等认知维度很难测量；二是心理学研究往往将个体作为研究对象，以高管团队认知作为研究对象的心理学研究相关参考文献很少。本研究基于注意力基础观理论，以企业对外公布的关注点作为其认知表征，分析其对企业成长的作用机理。

2.3 团队认知理论

2.3.1 认知的提出

认知（cognition）原本是心理学中的术语，描述的是心理活动，最初是用来探索人类知识的获得、存储、转换和使用的过程，包括感觉、知觉、思维、表象、记忆等，其中思维是认知的核心；认知也是与意志、情感、动机等相对的理智或认识过程。在人与世界的普遍联系中，认知是指人与外部世界接触以后，在外部世界与自身之间建立起的一种知性链接关系，它是人特有的能力特质。个体存在通过个体实践体现出来，而认知对个体实践倾向起重要决定性作用。认知是个体对某一事物或现象作出的有根据、有价值的判断和识别能力，它在实践基础上体现出个体抽象思维能力和个体意识能力。认知的载体是个体人本身，同时也是人自身做出的动作或行为。而行为的动机则是人作为主体去辨识客体存在以及主体与客体之间关系的过程。

认知既可以指主体自身对于客观事物规律性的认识，也可以指主体通过实践活动的过程和结果而进行的自我反思与校正过程。因此，认知存在的前提是人的存在，认知依附于个体的存在而存在，并通过实践活动实现对个体认识的不断修正。人的意识体现了人对客观存在做出的一般反射，认知包含了意识又远远超出意识，体现出了个体对客观世界的辨识性认识能力。Phares（1991）指出："自我有效认知是自我意识的形式之一，自我认知存在非客观性。"马克思提出：

“有效认知是指可信性强、能够成功辨识信息的可靠性，并且这种认知能力和认知结果能够在实践中验证并反馈给个体的认识方式。”个体如果形成了有效认知，会使个体心理判断能力增强，同时有利于个体健康心理人格的形成。所谓“有效”主要指认知的可靠性和合理性，是个体对自身存在意义和价值的一种自省方式。个体能够在实践中通过自省而不断修正自身的行为导向和行为目标，达到自我提升的目的。实际上，马克思强调意识依赖于存在，而人的存在方式是社会实践，认知的形成是人在实践中受到外部信息刺激所产生的主动性反应。个体存在和发展都通过实践体现出来，存在的目的是实现个体发展，自我有效认知是个体对存在价值和意义的不断了解和反省的过程，个体价值在认知的深入中得到提炼和升华。

2. 3. 2　管理学中的认知

随着心理学领域对“认知”问题研究的不断深入，管理学者逐渐将其引入到对领导理论的研究中。1958 年，美国学者迈克和西蒙最早将认知引入管理学领域，他们认为，管理者依据其“认知”或“偏好”做出管理决策，管理者对各种决策备选方案的知识、实施决策之后对可能出现结果的考虑、对于未来的设想等，都是认知的内容。这些认知基础可以帮助人们更好地理解和面对企业所处的复杂外部环境。管理者可以通过认知形成的认知表征，将决策者所处的情境信息简单化。这可以在一定程度上弥补决策者的有限理性行为。

对于管理者认知概念的界定，主要包括两种方式：一种方式是将管理者认知看作一种认知表征或认知结构，而认知表征是决定管理者做出决策的信念和心智模式，这种信念和心智模式本质上是管理者所拥有的一种知识结构，目的是帮助管理者保留、获取和处理特定领域的信息；另一种方式是将管理者认知视为一个认知过程，其含义是指管理者获取、保留及处理特定信息的过程。以往学者对于管理者认知的研究，不是关注认知过程，就是关注认知结构，能够把两者结合起来进行研究的仍然较少。事实上，认知结构与认知过程是紧密联系的有机统一体，认知结构体现了不同时点上管理者心智模式或认知构成的状态，而认知过程是把这些不同时点的心智模式或认知构成联结在一起，构成一个有机整体。引起管理者心智模式发生改变的管理者对外部环境的关注与解释过程，实际上就既包含了认知结构也包含了认知过程。

目前，对于管理者认知理论研究可以分为两大流派：企业行为理论流派和意义构建理论流派。意义构建理论流派的开创者 Weick（1995）提出：当企业战略决策者意识到环境发生改变以后，会基于以往经验提出自认为是正确的解释指导企业的后续行动，随后再根据行动结果修正或肯定曾经做出的解释，从而形成新的管理者认知。该学者认为，管理者认知变革是随着企业环境的改变而自发完成的（Weick，2005；Maitlis & Lawrence，2007）。意义构建流派认为，管理者认知变革是管理者在和企业环境互动过程中自然发生的，只要环境改变管理者认知就会发生改变。而企业行为理论流派认为，企业本质上是不同政治群体组成的集合，企业作出的战略决策是政治家们建立起各自的同盟后，经过讨价还价最终解决冲突的过程，而管理者认知是政治群体之间相互制衡的结果，也是个体认知的集合（Augier & Teece，2009），因此，当企业的人员、权力关系与沟通方式发生变化时，会引起管理者认知的改变（Balogun & Johnson，2005）。在两种理论流派的指导下，学者普遍认为企业间管理者认知差异是由资源禀赋、物质环境、权力结构、企业性质和决策方式的差异引起的。

认知存在个体和集体两个层面的概念，即个体认知和集体认知。美国管理学家科特勒（2006）将个体认知界定为：个体组织、选择并解释信息输入，用以创造一个有意义的个体世界的图像过程。对于个人而言，认知是依据人们已有的规则、信念和经验，对所获取的信息进行解释和加工的过程，即个体通过直觉感知、诊断、整合并最终成为自己独有的体制化和默会性的记忆。这种假说性的记忆，会经过反馈过程中的验证和修补以得到进一步的强化和巩固。著名的以色列历史学家赫拉利在其著作《人类简史》中提问："人类为什么能够登上全球食物链的顶端并且最终成为了地球的主宰呢?"赫拉利认为，人类历史上出现过的大脑认知革命、农业革命和科学革命是其主要原因。在人类历史上，语言的出现使人们能够更好地沟通和交流，甚至通过想象可以虚构出许多并不存在的事物。"虚构"促进了组织的建立和陌生人之间的合作。在语言和沟通的基础之上，金钱、宗教和帝国的出现最终促使人类实现了大一统。大脑认知革命就是人认识外部世界的过程，也是个体对外界信息的加工处理过程。当然，人类作为地球的主宰，对于外部世界的认知一定存在着局限性。即便是同一个事物，每个人对其信息加工处理之后，得到的认知也可能是有差异的。"仁者见仁、智者见智"说的就是这个道理。人的认知局限，首先是源于个体能力的局限；个体知识水平差异和信息量的多少都会影响认知结果；其次是源于历史的局限，不同的历史发展阶段产生不同的社会信息影响到不同的认知结果；最后是由于人的成长经历、个人好恶不同，导致个体认知带有极强的主观性，主观性会给个体造成心理暗示及心理强化的作用，进而影响到最终的认知结果。因此，人们常说：人才是这个世界上最具创造力的动物，也是最具破坏力的动物。人既可以创造世界，也可以毁灭世界；既可以成为天使，也可以成为恶魔。佛说"一念天堂，一念地狱。成败只在一念间，善恶只在一念间"便是说的这个道理。个体认知结构如图 2-3 所示。

随着对"个体认知"研究的不断深入，管理科学和组织行为的研究者们发现，个体认知普遍具有狭隘和片面的特征，个体认知对企业管理决策、组织行为和管理沟通等领域的解释力也受到怀疑。因为任何单个个体都从属于某一组织，

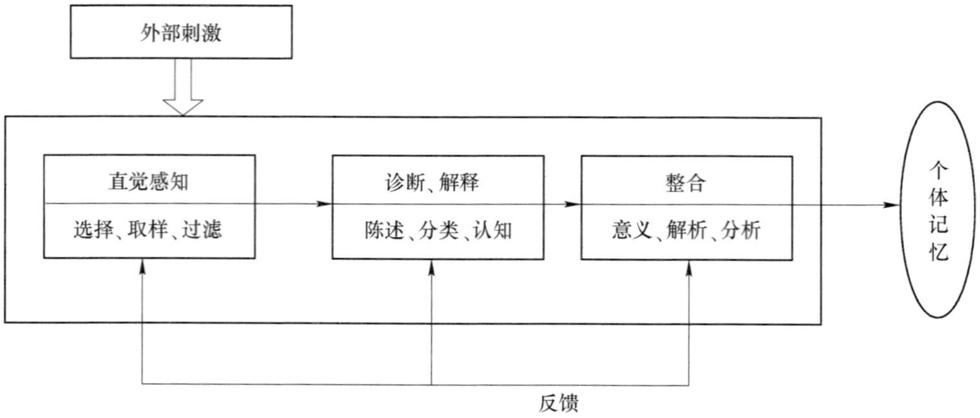

图 2-3　个体认知结构

组织成员的某一管理行为一定是受到组织内外各种因素的影响，当单个成员作出某一行为选择时，一定是下意识地带着自身的价值观和认知基础进入某一具体的情境中，而这种价值观和认知基础有可能成为情境本身或管理决策的阻碍。由于个体认知存在的局限性，因此有必要建立超越个体认知层面的另外一种认知结构，近年来对团队认知理论的研究逐渐兴起。

集体认知是集体内的成员在特定事物上所达成的共同观点或信念。因此，个体认知对集体认知的形成起重要作用，但个体认知能否转化为集体认知，取决于集体的团队文化、冲突、互动以及个体认知随着情景的变化而不断演化的过程。无论组织规模大小，即使是企业总裁，也一定会与他人共担任务和权力。学者对全世界基业长青公司进行研究分析后发现：优秀企业的某一高管在离任后企业仍能运营良好，其原因在于企业拥有优秀的高管团队，企业经营不会受单个高管离去的影响。因此，研究高管团队认知比研究管理者的个体认知对企业战略选择与组织绩效的解释力更强。近年来，中西方学者从不同视角对高管认知展开了讨论，Stubbart（1989）指出，传统企业管理研究方法中缺乏对管理者认知的研究。Grinyer，McKierman（1990）指出，环境条件都相似的情况下，企业经营差异取决于管理层认知的不同。Web、Dawson（1991）通过案例研究法得出，随着高管团队人员信念结构的改变，企业发生战略转型的可能性越大。Johnson（1992）指出，管理者认知构建对组织环境的影响起决定作用。Weick（1995）指出，无论是社会心理学还是战略管理理论都认为管理者认知对企业外部环境变化的理解有重要影响。戴汝为（1998）认为，对管理者“认知”的研究与应用是 21 世纪管理理论研究的突破口。Cooke & Salas（2000）指出，团队认知是其成员之间共同拥有的个体认识的“重合”，而这些个体认知是以团队共有知识的形式存在的。Fiol，O’Connor（2003）指出，由于个体差异的存在导致管理者认知差异，因此管理者的行为不可能达到完全理性。Adamides 等（2003）指出，心智模式扭曲会导致环境感知改变从而导致企业战略变革。Cannon-Bowers & Stout（2001）提出，团队成员之间的“同一性”或“相似性”形成团队认知，或者说团队认知是成员之间拥有的同样知识。Jun He、Brain S. Butler & Willian R. King（2007）提出团队认知的“互补性”，即执行相同任务的团队成员根据自身优势发挥各自功效，从而实现知识交流，达到团队成员间的知识互补。杨林、张敏（2008）在对国外战略变革理论详细分析的基础上，构建出基于认知视角的中国企业战略变革架构。邓少军（2010）认为，具有认知复杂性与认知柔性的企业高层管理者更容易促进企业动态能力的提升，核心高管认知在企业动力能力深化中发挥着重要作用。苏丹、黄旭（2011）采用因果映射法构建高管团队认知模型，对中国医药行业上市公司的战略变革进行了案例研究。陈彦亮（2012）认为，团队认知在团队互动与企业惯例演化关系中起完全中介作用，其他变量对企业惯例的影响是部分中介作用。赵远胜、鲁虹（2014）将高管团队内部关系划分成建设型和授予型，其中建设型关系对聚合性认知有正向显著影响；而授予型内部关系对发散性认知也有正向显著影响。

通过前述文献梳理可以看出，一方面高管团队认知与企业行为惯例融合在一起，且独立于企业战略决策者而存在（Smets，Morris & Greenwood，2012），企业甚至无法通过更换 CEO 而快速完成高管团队认知变革。它是企业高管团队在长期经营活动中所形成的认知模式或称为心智模式。以高管团队以往的知识、经验为基础，反映了高管团队的知识结构、思考方式和行为取舍，同时具有重复性特征。另一方面，高管团队认知对企业管理理论与实践具有重要影响，越来越多的组织行为和管理科学研究人员把工作重点放在“集体意义”的团队认知上，从而使高管团队认知成为管理学研究的热点。

2.3.3 本书对团队认知的界定

尽管对团队认知的研究视角已在许多方面逐步展开，但对团队认知的内涵界定仍未达成广泛的一致。Cooke（2000）等人提出，团队认知是单个认知的“重合”，即团队认知是团队成员所拥有的个体知识的总和，这些知识是以团队成员所拥有的共有知识形式而存在的。Lombardi（2003）提出，在团队中存在着基于一种认知模式的劳动分工，团队认知是将团队知识资源在成员之间进行的重新分布。Jun He（2007）等人则提出，团队认知应该是“互补的”，即团队成员间的知识是分散的，成员依据自己所掌握的知识在团队中发挥各自的功效；在执行团队任务时，成员之间可以进行知识交流，达成知识互补。Nancy J. Cooke，Eduardo Salaw（2011）等用团队成员之间内部的知识转移过程来衡量团队认知的实现。本研究在前人研究的基础之上，将团队认知界定为处于特定组织中的团队成员依据个体知识，在执行团队任务的过程中，通过认知协调实现知识吸收、传播与共享，从而达成团队知识融合的过程。

2.4　团队认知与公司成长

近年来，随着对团队认知研究的不断深化，学者们开始关注团队认知演化对组织绩效、组织决策及公司成长的影响。由于不同学者对团队认知内涵的理解不同，其研究视角也不尽一致。对于团队认知与公司成长的关系，主要的研究结论有以下几种：Katz、Tushman（1979）指出，不同类型的团队沟通方式对组织绩效的影响不同，团队认知对沟通方式起决定作用。Jackson、May、Guzzo（1995）提出，不同的团队认知方式会导致团队决策选择的多样性，从而影响团队效能的发挥。Walsh（1995）指出，团队认知是团队管理者在进行战略决策时所使用的一组知识结构，团队认知通过提供信息搜寻与解释功能、行动逻辑功能继而影响企业战略决策。换言之，团队认知在环境和战略决策之间具有完全中介作用（Nadkarni & Barr，2008）。Levesque、Wilson and Wholey（2001）则认为，团队认知模式的多样性导致共享心智模型的多样性，从而影响组织绩效。Harrison、McGrath、Florey and Vanderstoep（2003）证明了团队认知模式的不同导致团队成员之间的沟通方式各异，从而对团队任务的中断、延续产生影响，继而影响团队绩效。中国学者陈传明（2002）提出，企业环境变化并不必然会引起战略变革，只有团队认知发生了变化，企业战略变革才会发生。Macmillan、Estin and Serfaty（2004）指出，不同的团队沟通方式导致团队认知的成本各异，团队成员间越相互理解则团队认知成本越低，从而促进组织绩效的提升。Cooke，et al（2003）认为，在管理工作中的确存在着合适的认知结构对团队有效性的发挥或是团队绩效有促进作用。汪航（2004）指出，传统的认知理论研究多为静态视角，较少关注团队成员间互动过程，导致研究结论不一致。他强调应基于动态视角将团队社会观和认知观相结合开展这一领域的研究工作。严立锋（2009）经实证分析得出，团队成员共有的情绪智力在团队规模、团队类型和团队所处阶段等方面存在差异，是团队个体成员之间情绪智力整合的结果，对团队绩效有正向显著影响。汪洁（2009）从认知信息加工的视角，将创新团队看做是信息加工单元，探讨团队任务冲突对组织绩效的作用机理，并构建了基于团队任务冲突的三维结构模型。葛玉辉（2009）基于共享心智模型的视角提出，高管团队认知对企业绩效有重要影响，并对高管共享心智模型的微观机理进行了阐释。贺立军、王云峰（2010）指出，团队认同是团队成员将个体目标和价值体系整合成团队总体目标的过程，对团队之间学习、合作有正向影响，从而促进团队共有目标的实现。刘泓、魏文斌、申振林（2012）基于 89 家民营企业高管团队的数据，探讨了高管团队认知冲突对企业绩效的作用机制，实证得出民企高管团队认知冲突对决策质量、决策承诺以及企业绩效有积极影响，决策承诺和决策质量在认知冲突中对组织绩效的影响起部分中介作用。赵远胜，鲁虹（2013）以团队认知为桥梁，根据高管团队的内外表征，将高管团队认知划分为理性认知和感性认知两种类型，并构建了理性认知与感性认知模型。

从团队认知概念提出以来，越来越多的管理学者开始关注高管团队认知在战略选择与解决经营困难时所发挥的作用（Schwekn，1988）。例如，学者 Waters，Minztbeg（1952）在对战略变革纵向案例的研究中提到，在企业家制订战略模型的过程中，新战略的最初制订多是以单纯的非凡脑力方式完成的，而这种“单纯的非凡脑力（in a single informed barin）”被认为是很多著名企业成功的关键所在。亨瑞克和梅森（1954）也提出，企业战略决策的制定过程受组织中高层经理的选择和高管认知框架（cognitive frames）的影响；而高管团队的价值观以及认知基础完全可以战略结果的有效程度体现出来。因此，大多学者将企业高管团队认知与战略选择结合起来进行研究。研究文献如表 2-1 所示。

表 2-1　团队认知与战略决策研究文献

相关学者与年代	研　究　结　论
Orasanu（1990）	以某公司技术人员为分析对象，将共享心智模型看做是团队认知表征变量，探讨其对研发团队战略决策的作用机理
Smith，Olian，Sims，O'Bannon and Scully（1994）	把高管团队人口统计特征作为研究背景，实证分析团队认知中的成员整合与沟通过程对企业战略制定与实施的影响
Cannon-bowers（1993）	同 Orasanu 一样将共享心智模型看做是团队认知表征变量，构建团队认知表征模型，分析其对团队战略决策的影响
Okhuysen（2001）	将团队认知看做是过程变量，分析其演变过程对企业战略决策程序化的影响
Schippers，Den，Koopman，Wienk（2003）	以团队成员间的依存度和团队周期作为中介变量，实证分析团队成员认知异质性对战略效能的影响
高静美（2005）	以中国境内跨国公司高管团队为分析背景，提出团队层面的认知互动过程对公司战略的形成有重要影响，而团队认知中包含非理性因素
陈传明，陈松涛（2007）	提出高管团队战略协调力包括统协能力和瞄准能力两种，高管团队成员对战略方案的认同度对统协能力有重要影响，高管团队认知差异对瞄准能力有重要影响
陈云（2008）	基于组织行为学、哲学、心理学和耗散结构理论分析了团队冲突对企业战略制定的影响
张钢，张灿泉（2010）	从团队认知视角出发，提出组织外部环境变化对团队认知的形成有重要影响，并构建出基于团队认知视角的组织变革理论模型

续表 2-1

相关学者与年代	研　究　结　论
朱碧（2010）	指出企业战略一致性由内，外部两部分一致性构成，因此团队认知能力也由认知调适能力及认知辨识能力两部分构成，认知辨识能力在战略决策前期发挥作用，而认知调适能力在企业战略决策后期发挥作用
成瑾，等（2010）	结合前人研究文献构建出以高管认知和价值观为基础的社会集成理论模型，并指出团队认知和团队价值观对社会集成的形成有制约作用，总结出团队合作意识、团队认知渴求、领袖的开放性、团队成员责任感和领袖对才能的尊重是影响社会集成形成的五项认知要素
杨林（2014）	以中国中小企业板中部分上市公司 2006～2010 年的数据为样本分析了高管团队认知异质性对企业创业战略导向的影响，其中公司股权结构对二者关系起到部分调节效应

资料来源：笔者整理。

通过对前人研究文献的整理，笔者发现：已有的研究就高管团队认知对企业管理理论与管理实践的重要意义作了充分的肯定。组织行为和管理科学的相关学者越来越多地把研究焦点放在“集体意义”上的团队认知和组织认知上，从而使得高管团队认知渐渐成为该领域的研究热点。但是，有关高管团队认知与企业成长性演化关系的研究目前仍然处于起步阶段，主要原因在于：一是对团队认知理论还缺乏整合和系统研究，相关理论还比较零散。中外学者对团队认知的现有研究大多以理论性描述为主，采用大样本的统计实证或案例研究方法的学者仍然较少。虽然中国学者陈彦亮（2012）、周晓东（2006）基于大样本数据对高管团队认知进行了实证研究，但研究变量选取较少且研究时间跨度较短，其研究结论不能充分展示高管团队认知对组织变革的作用机理。二是中国学者大多侧重于考察人口统计特征与企业绩效的关系研究，或是基于隐性人力资本的某一方面考察其与企业绩效的关系，而对与中国情境相关的高管团队认知与公司成长性的研究非常缺乏，特别是对有哪些中国本土化独特因素会影响高管团队认知对企业成长性过程的作用机制还不是很清楚。由于认知、成长、变革等都具有高度的情境依赖性，因而探析在中国情境下可能具有的独特影响因素及作用机理非常重要，这很可能需要对西方理论及研究观点进行一定的补充与修正，从而为构建中国情境化的管理理论做出贡献，并更好地指导中国企业的实践。

第 3 章　中西方传统文化对"认知"问题的思考

最早对"认知"问题展开研究的是哲学家，而非管理学家。随着哲学领域与心理学领域对人的"认知"问题研究的深入，管理学者才开始对人的"认知"差异展开研究。本章通过对哲学领域、心理学领域及中国传统哲学对"认知"问题研究脉络的梳理，以期为后文的研究提供理论依据。

3.1　西方哲学对"认知"问题的思考

3.1.1　元哲学中有关"认知"的探索

人类的思维加工过程一直以来都是哲学家研究的热点问题，古希腊哲学家亚里士多德在公元前 384~前 322 年就考察了知觉、记忆和心理表象，探讨了人类如何通过经验和观察获得知识。而揭示人的内在属性是元哲学研究的主要目的之一，以人为对象展开的研究都可以归入到元哲学的研究范畴。人的素质问题是元哲学研究的重要领域。西方学者对人的"素质"研究提出过以下几种观点：古希腊哲学家柏拉图认为，划分人的智慧与愚笨的关键因素是人的学习能力，智慧的人具有较强的学习能力。公元 5 世纪，哲学家 Augustine 对智慧与善良做出了区分：智慧的人对事物理解迅速且判断敏锐，而善良的人做事大多遵从上帝的意志。17 世纪唯物主义哲学家 Hobbes 对自然性智慧和获得性智慧做出了划分：自然性智慧来源于实践经验，获得性智慧来源于文化和传授。他提出，智慧的人能通过想象朝着既定目标前进，能发现事物之间的联系和区别；而愚笨的人思维缓慢，目标易变。18 世纪德意志著名哲学家，德国古典哲学创始人康德在《纯粹理性批判》一书中指出，智力作为一种高级认知能力，包括判断能力、理解能力和推理能力三个方面。智慧的人具备极强的推理能力，能够不遵循一定之规，因此创造力强；普通人大多具备模仿力而非创造力。19 世纪美国心理学之父 James 将智力分为直觉智力与分析智力，直觉智力表现为直达思维，分析智力表现为抽象推理能力。科学家与哲学家多擅长分析智力，批评家与艺术家擅长直觉智力。

西方元哲学主要探讨人的内在属性及所表现出来的"人的智慧"，这些内容为本书对高管团队认知理论研究提供了重要参考。在西方哲学史上，"存在"这一概念作为对人内在属性的终极揭示，一直以来就是哲学家关注的热点。

古希腊哲学家 Parmesans 在哲学史上首次提出了“存在”一词，至此，“存在”一词成为西方哲学探讨的关键和核心。Parmesans 指出，“存在”是宇宙的本原和世界的始基和总体，所谓“存在者”，就是存在着的事物。Parmesans 提出的“存在”概念包括两方面内容：其一是对事物真实状态的揭示，或称为事物的偶性存在；其二是对事物一般状况下的真理性判定，或称为事物的本质存在。因此，Parmesans 的存在所表明的思维方式，实际上是一种理性的认知方式。德国哲学家 Heidegger 对“存在”与“存在者”做了区分；他提出，每一个存在者之所以存在，必有存在的理由，即每一个存在者的存在都能够被追问。但通常的存在者察觉不到自身的存在，也不会去追问其自身存在；只有人类作为一种特殊的存在者，才会关注和追问有关存在的问题，才会探索存在者之存在的意义。Heidegger 提出，“人这个独特的存在者称为‘此在’，人作为存在者的‘本质’在于它的去存在”。即人可以领悟到人存在的意义。人与其他的存在者相比，人的存在具有明显的优势。正是由于人对自己存在的这种领悟，才使人作为“此在”的存在而与其他一切存在者区分开来。而管理的本质内涵就是研究存在与存在者的关系，两者之间的关系为本书的认知理论分析提供了重要启示。

3.1.2 心理学领域有关“认知”的探索

对人“内在属性”的研究产生于哲学领域，随着研究的不断深入，其他学科也开始对人“内在属性”展开探索，心理学就是继哲学之后对“人的内在属性”展开研究的。心理学最初的研究目的就是分析人的心理现象产生的内在原因，从管理者认知研究的视角来看，心理学研究的核心问题就是揭示人的内在属性。因此，哲学与心理学有着天然的内在联系。本书主要对人本主义心理学的哲学背景及相关问题进行分析，目的是从中找出对管理者认知理论构建有用的元素或启示。

对人类本性的研究构成了人本主义心理学的研究对象，其更加关注人的价值与自我实现，更加强调心理学和社会生活之间的联系。车文博（2007）指出，传统的人道主义和人性论、中国传统哲学思想、存在主义和现象学，对人本主义心理学的影响很大。人道主义（Humanism）的哲学背景和思想渊源可以追溯到古希腊时代，其本义是一种宽泛的关于教育和人的思想。采用追问式教学方法塑造学生的人格，就是那一时代的著名哲学家苏格拉底、柏拉图和 Aristotle 所推崇的。14 世纪文艺复兴时期的研究者和艺术家曾经描述出一种“新人”的理想，其中“新人”思想是指“具有个体独特性、能够发挥所有潜能、以人为中心、全面发展并且不受任何约束的思想。”18 至 19 世纪“人道主义、人性观”的观点被德国古典哲学所颂扬。在 Kant、Goethe、Humboldt、Herder 等哲学家的经典著作中，“人的尊严”与“自由”成为重点强调的内容。人本主义心理学家受传统人道主义和人性论的影响，认为对“人类本性”的研究被当代心理学研究所忽略。当代心理学经常将人与动物或机器划等号，这会妨碍人自由潜能的发挥。因此，人本主义心理学强调把人放在特定的社会环境中研究；重视健康人格和人性中善的因素，主张把人作为主体与客体相结合的统一体进行心理学研究，强调与人的实际生活关系密切的自由、价值、需要以及这些需要是否能被满足。人本主义心理学家通常以不同的方式表达存在主义哲学的观点，Rollo May 用心理学范式构建了存在主义哲学研究与心理学研究间的桥梁。Sartre 主张人类生活的关键在于“选择”，所谓选择，是指以积极负责的态度去创造人生的意义和方向。其实，人本主义心理学所关注的个人价值、自我实现、人的潜能、自我超越以及自我尊重等心理学现象，往往也是管理者认知研究的核心内容。

中国传统文化中的哲学思想（主要是道家思想和佛家思想）对人本主义心理学家思想体系的形成产生过重要影响，它构成了人本主义心理学哲学研究的理论基础。车文博指出，马斯洛 1949 年就用“道”这个词来描述人的行为成分中的目的性和自发性，中国“道”家自我反省和包容接纳思想是对西方哲学的重要补充，在对人性研究时，西方心理学应该借鉴中国道家的思想。此外，Mas low 在对心理学实践的研究中，将 Rogers、Perls 等人提倡的“心理疗法”称为“道家治疗”，因为这种疗法强调在无为无不为中实现心理健康，即让事情不受外界任何干扰。这一治疗的原则与道家提出的无为思想是一致的。1958 年，西方哲学家 Rollo May 就发现了存在主义与禅宗佛教之间存在着某种相似性，存在主义或者禅宗其实都是分析人的存在或人的本体论；禅宗认为个人在不受任何控制的情况下获得经验，实验自我成长，这与“以人为中心”的思想有很多相似性[61]。本书认为，无论是中国传统文化中的佛家、道家思想还是西方人本主义哲学思想，都是通过人与人或人与外界的互动来发现人的存在及其存在的意义，因此，本书对高管团队认知的研究受上述思想的启发，同样是基于高管与外界的互动来提示高管团队的认知状态。

3.2 中国传统文化对“认知”的思考

中国传统文化在探讨人的内在属性时，常常蕴藏着深刻的哲学思想。在揭示人的内在属性和管理的本质内涵方面，中国传统文化起到了非常重要的作用。许多中西方学者倾向于将人本主义哲学思想与中国传统文化中的道家思想进行比较研究，而不是与儒家思想相比较。究其原因，是由于儒家思想包含的内容广泛，理论的传承与拓展更为复杂，著作更多，思想更加贴近真实的社会生活。这使西方研究者（存在语言障碍）很难系统认识和把握儒家思想，反倒是道家思想与中国的真实生活之间保持着一定的距离，著作也不多，因而更容易被收集整理，主流思想也容易突出，便于中西方研究者的比较和理解。在后面的章节中，主要探讨中国儒家思想对“认知”问题的思考。

在中国古代文化中，对有关人的能力与素质问题曾展开过多种探讨。孔子在2000年前的先秦时期就曾提出，称职的为官之道应该具有“仁者不忧”的道德素质、“勇者不惧”的意志素质、“智者不惑”的智慧素质等；墨子提出，称职的为官之道应该具备“厚乎德行”的品德特征、“辩乎言谈”的语言素质、“兼容守拙”的为人原则、“非乐节用”的生活作风、“博乎道术”的知识结构和“摩顶放踵”的工作态度；孙子提出，称职的军事素质应该包括“智”、“勇”、“严”、“信”、“仁”五种。刘劭在西汉时期就指出：贤人或称“优秀的人”应该具备“文理”、“弘毅”、“贞固”、“通微”、“勇敢”这五种基本素质，即我们通常所说的“礼”、“智”、“仁”、“义”、“信”五种德行。明代思想家王阳明提出的“功夫”说，虽然在对管理者素质分类方面缺乏独到的见解，但其独特之处在于他将“贤人”的基本素质建立在人本主义思想之上，并且揭示了“贤人”各素质之间的内在关系。王阳明提出，“知”与“行”之间能够相互转化：“知之真切笃实处，既为行”；“行之明觉精察处，即为知”；而且两者可以互为条件：“真知即所以为行，不行不足谓之知”。知与行之间，“本不可离”。因此，王阳明对“后世学者分作两截用功”的观点进行了批判，并指出这样做的后果是失去人的本真存在，即“失却知行本体”，这个本体就是王阳明所说的“致良知”的“心”。王阳明指出：知与行的分割，与人本真存在的失去，是互为因果的，不仅“分作两截用功”可能导致“失去知行本体”；而且人的本真存在的失去，可能导致知与行的分割：“夫外心以求物理，是以有暗而不达之处”，“不可外心以求仁，不可外心以求义，独可外心以求理乎？外心以求理，此知行之所以二也”。因此，要达成“知行合一”，就必须面对自己的心智：“求理于吾心，此圣门知行合一之教”；而人的心智也必须回归于人的本真存在：“心者，身之主也，而心之虚灵明觉，即所谓本然之良知也”。

中国学者陈立胜（2008）指出，王阳明的“心学”的主旨是人的本真存在与人所在的外部世界是统一的，即所谓的万物一体。Rollo May 的“在世存在”与王阳明的“万物一体”观点有相同之处，王阳明与 Rollo May 都将人的内心世界与心以外的现象世界建立起了联系。Rollo May 指出，人作为一种“在世存在”而与“他在”相关联；而王阳明则认为：“内心”才是身体存在的根本，只有“内心”的清澈明洁才可达到“良知”，而“良知”在心以外的世界实现。中国学者陈来（2006）指出，王阳明“心学”理论中的“理”或“天”指的应该是“道”，而良知作为天道的“道”或是天理的“理”，应该是做人的基本道原则。不仅如此，王阳明还进一步指出，自己的本真存在转化成“知行”功夫是一个渐进过程，人只有在实践中不断地加强自身修养，才能实现。而“上达”和“下学”是培养人的内在修养的两种方法；“上达”指着手于人的本真存在，提升其内在修养；而“下学”指着手于外部世界，实践内心修养。

中国明代著名思想家王阳明被视为儒家思想的典型代表，一直受到中外管理学者的格外推崇，原因有三：一是他的“心学理论”使先秦儒家思想达到了返本归源；二是他对中国传统文化中的佛家、儒家、道家思想进行比较后形成“心学理论”，使其学说有了“三教合一”的特点；三是其不用一兵一卒，数次平定叛乱，体现出其卓越的战略与管理才能。王阳明的经历及其学说，在中国传统文化领域具有独特的地位，其提出的“知行合一”论，对本书的理论研究具有特别的启发意义。因此，下面重点分析王阳明“知行观”理论。

3.2.1 王阳明“知行观”的提出

思想家王阳明说过：“圣人之学，心学也”，即优秀的贤人跟随其内心的指引，而内心遵从于天理、良知。他的“心学”是随着本人生活经验的不断积累与完善而逐步构建起来的。什么是“心”呢？王阳明指出，“心也者，吾所得于天之理也，无间于天人，无分于古今”。“心，生而有者也”。中国学者杨国荣曾指出，王阳明所说的“心”，含义包括情感、知觉、思维、意向等等。王阳明指出了心智与存在之间的内在联系，人心就是人的本真存在；当人领悟到自身的本真存在时，即所谓的“致良知”。

王阳明心学理论中的“心”，并不是抽象概念，是指的本真存在，心在实践中所表现出的功能是——用，心的存在与“用”是同源的。本研究认为，心的“用”或者说心的“功能”，就是指人的认知及其实现。在“心学”概念基础之上，王阳明又提出了“功夫”说。所谓“功夫”，在古汉语中的意思是“本领、造诣”，也可以理解为“人的能力”。功夫的本源是“人的心智”；而功夫是“心”的功能表现。心的内涵指的就是良知，良知与本真存在是相通的。这样，王阳明就在心智与本真存在之间建立了桥梁。

王阳明认为，“知”“行”是人的能力，包含在“功夫”之中，“知”“行”的本体就是良知良能。“知”“行”的功夫是“致良知”。致良知就是通过人对自我内心的反省和控制实现自我道德重建，人就能回归到无善无恶、明洁的本心，人就在超现实的自由之境与自我心智之间建立起了内在联系。而无论什么样的人都会有良知，良知是自我本真存在的一部分，即人的能力或素质是隐藏于人的内心里，可以通过致良知去认可、发现，而这种认可、发现之后就会有所收获，那么在实际生活中就表现出了“知行合一”，即“功夫”。王阳明指出，人的内心不断的自省，思考就可以发现自己内心的良知，从而去实现它，由此达到“圣贤的气象”。古人所称的圣贤，本意为优秀的人。本书认为，在王阳明心学体系中，“知行合一”就是人的认知与自我实现的转换过程。

3.2.2 王阳明"知行观"的意义

王阳明指出：心之动念就是"行"，但不能说"行"就是心之动念，如果一个人在与外界的互动过程中没有体现出自身的价值观，那么这样的"知"就是"茫茫荡荡，悬空去思索"的，即如果你没有赋予你的存在和外界以自己认同的意义，那么你的行为就没有意义和目的，这样的"行"就是"懵懵懂懂，任意为之"。简言之，"知"是指内在的行动，"行"是指外化的观念，不会出现没有行动的"知"，也不会出现没有观念的"行"，"知"与"行"是建构一个意义世界的动态过程。"知"重在改造旧有的意识结构和观念，建立一套符合圣贤之道的人生观和世界观；而"行"重在通过与外界的互动来实现你的认识和观念，两者本来就是对同一事物的两个不同角度的描述，这才是知和行的真实本质，也是知行合一的真正内涵。

本书认为，王阳明基于人本主义哲学对"致良知"进行的阐述，以及对"知行"分离所进行的批判，同西方学者 Rollo May 提出的"在世存在"之间，具有相同的哲学内涵，可以为管理者认知研究提供丰富的理论支持。

3.3 王阳明"知行观"对本研究的启示

中国历史上的儒家学者，同王阳明一样，经常用"知"体现人对其本真存在的发现和领悟，用"行"来表达对"知"的完成与实现。"圣人""士人""君子"等都是实现了"知行合一"的人，常用于对优秀管理者的称谓。本研究基于王阳明心学中的"知行合一"论，为管理者认知表征的描述提供了良好的顶层架构和理论依据：管理者内心世界的"知"（认知）与内心实现的"行"（执行）是统一的。据此，可以认为管理者内在的认知能力可以通过外在的执行能力表现出来。

3.3.1 "知"是认识你自己

王阳明的"知"或者说是存在，指的就是哲学表达上的"认识你自己"，即"道"的领悟，这同本研究中高管团队的"认知"内涵相同，都是指管理者的存在状态，其主体和客体都是管理者本身。这里的"知"包含两层含义：一是指"存在"即人本主义观点所研究的"未被任何科学或理性包装过的人的本真存在"；二是指"存在者"，即现实生活中具有自我意识的客观对象。其中，"存在"能够反映管理者对自身精神品质的了解和把握；而"存在者"可以帮助管理者对自己作为一个特殊客体的存在进行比较与发现，从而找出自己作为社会客体的欠缺与不足。"存在"可以揭示人的本真存在的内涵，使管理者领悟到自身作为精神品质的存在状态。

与“存在”和“存在者”相对应地，可以将认知能力分为“自知能力”与“自识能力”。“自知”能力是指人对自我的主观认同能力，是管理者对自身精神存在的自我发现与自我认同的过程。“自识”能力是对自己内心的客观洞察能力，是管理者对自身进行自我观察、自我比较的能力。在管理实践中，人的直觉、勇气、意志、激情、责任感、生活意义、逆向思维、自我理解、创造性、内省、信心、皈依感、自我欣赏、自我完善、克服孤独、自我认同、自我超越、自我实现、自尊与尊重他人、内在价值、内在稳定性等内容，往往客观地存在于人内心之中，并且直接影响着管理者的行为选择，进而影响企业绩效。用 Rollo May 所说的“人的存在”的观点来解释，管理者的以上所有内心感受，都体现出了人的存在感，都是人对自身感受的经验总结。优秀的管理者通过对自身本真存在的内省与体验，可以超越各种隔离，实现自我修正与整合。Rollo May 提出的“人的存在”观点，也是指将人的先验性理论与后天的现象之间建立起联系，即管理者将自己与管理实践联系在一起，在管理实践中实施具体的管理行为[61]；并由此将管理者认知这一内心深层研究要素与管理者行为这一浅层研究要素之间建立起联系，将管理者的存在状态完整地展示了出来。

3.3.2 “行”是成为你自己

“执行能力”最初指的是哲学上的“成为你自己”，即高层管理者是如何实现自身的本真存在。“行”作为管理者的客观存在状态，通过管理者在客观世界中的具体行为表现出来，用中国传统“道”家思想解释，就是管理者如何去实现“道”。执行能力的主体是管理者自身，实施客体是管理者将其思想付诸实现的整个世界，主要表现为管理者对所有存在者的所作所为，不仅包括行为的策略与实施，还包括对行为的认识与意向。因此，执行能力是管理者认知所表现的表层研究要素。

“行”是自我的实现过程，“行”的实现需要在客观世界中完成，即王阳明的致良知过程。西方哲学家 Heidegger 将“致良知”称为“愿意良知”，Rolly May 对实现良知的客观世界作出了经典的论述，Rolly May（1983）在其著作《存在的发现》中阐述“人存在于世界之中，人与其存在的世界是一个完整的整体”，即“自我”暗含着我以外的世界，而世界也暗含着“自我”，一个存在必须以另一个存在为前提条件。所以，“发现并改造世界对于任何人来说都是件有趣的事情”。因此 Rolly May 又提出了“世界同时存在三个方面或世界的三种模式存在”：一是“自己的世界”，即自我世界；二是人际世界；三是周围世界。这三种模式世界是互为条件、相互关联的。每一个人都同时生活在三种世界之中，“它们不是三种不同的世界，而是三种同时存在的在世存在模式”。

本书认同 Rolly May 提出的“世界的三种模式”互为条件、有机联系的观点。

既然每个人都生活在三种模式当中，三种模式作为客观存在，无论是在表象上还是在实质上，必然存在着内在的逻辑关系。这种逻辑关系就成为本书打开管理者认知黑箱的钥匙，即由于管理者认知存在于人的深层内心世界之中，研究者无法进行判断和衡量；但管理者认知与管理者行为选择之间存在着必然联系，即管理者认知可以通过管理者行为显现和观察出来。因此，世界三种模式之间的关系可以由“行”反映出来。

由王阳明的“知行观”可以看出：优秀的管理者应该做到明察秋毫，既明了员工的内在需求，又清楚企业的发展目标，同时又能够将两者在管理实践中完美结合。当下管理者的存在状态最好能以“道”为核心，又达到“知”与“行”的结合。所谓“知”，是指管理者能做到内在领悟与自我认同；而“行”，是指管理者对内在领悟或自我认同的实现过程，同时也是“道”在客观世界的外在拓展与自我实现，并且“知”与“行”是互相统一与互相转化的。

以往的管理实践与经验表明：越是优秀和卓越的管理者，越能做到“知行合一，其所养成的哲学素养也越高。因此，本研究中高管团队认知中的“知”，既是“认识最好的自己”，也是“实现最好的自己”的过程。本书正是基于王阳明“知行观”中的“认识你自己”和“成为你自己”的哲学思想对高管团队认知展开研究的。团队认知作为一种思维方式和思维过程很难被测量，但“认识你自己”可以通过“成为你自己”体现出来。高管团队的战略选择嵌入在高管认知基础上，管理者的认知力量对企业战略行动有重要影响，管理者的个体特征及认知情景决定了他所采取的行为倾向。一家公司经营得是否成功，取决于高管团队的认知能力，将帅无能，累死三军。组织发展理论的创始人沃伦 · 本尼斯提出：领导者是后天培养而非天生的，而后天培养的前提，是高管本人有意愿提高他的认知能力。本研究对高管团队认知的测度，就是通过高管团队的执行能力即高管团队思维的实现方式和行为过程来进行的。

第 4 章　上市公司成长性评价

本书的主要目的是探索具备何种认知模式的高管团队对公司成长性有积极的促进作用，因此，公司成长性评价模型的构建是本研究的要点之一。本章首先采用文献综述法分析影响公司成长性的主要因素及公司成长性评价方法，通过对前人研究文献的梳理与总结，构建出本研究的上市公司成长性评价模型。

4.1　公司成长性概念

4.1.1　公司成长性的提出

最初对公司成长的研究是在微观经济学领域，经过经济学者对公司成长理论的长期探索，一些具有影响力的理论学说随之产生。在亚当·斯密提出的分工理论基础上，马歇尔于 1920 年指出：如果从静态的视角把经济问题仅仅作为静态均衡问题，而不是动态发展问题，其结论的可靠性是值得怀疑的。他还指出，不仅在公司内部会发生知识积累和生产分工，在公司以外的产业和社会中也会发生，从而推动企业和社会的发展。而土地、资本、劳动和企业家才能是决定公司成长高低的关键因素，而企业家才能是四要素中最重要的。西方学者吉布兰于 1931 年对公司规模、产业结构与公司成长之间的关系进行开创性研究，研究结论称为吉布兰定律，即：影响公司成长的因素很多，但公司成长是一个随机过程，无法对其准确把握和预测，公司规模大小不是决定公司成长性的决定因素。新古典经济学理论认为，公司成长是公司从非最优规模向最优规模调整的过程，公司可以不断调整产量直至达到最优规模。公司成长的动因源于节约市场交易费用，主要通过对规模和范围经济的追求来实现。新制度经济学认为，公司成长是经营规模扩大和公司功能的扩展过程，即公司把一切曾经在公司以外的市场上进行交易的活动归入到公司内部来进行，从而公司边界不断扩大，直至达到最优规模。

关于公司成长性的定义，科斯（1937）指出，当企业管理费用增加的幅度小于交易费用的减少时，企业规模将会扩大，即企业获得成长。1959 年，潘诺斯出版了《公司成长论》，该书主要研究企业的知识促进和积累机制如何影响单个企业的成长过程。潘诺斯指出，企业的成长过程通常表现为企业内部知识、资源和能力的积累过程。所谓知识的积累过程，就是把正式的关联的知识以最好的方式转换为制度化或程序化的解决某一具体问题的过程，这一过程的完成目的是节约企业稀缺的决策能力资源；由此，管理者才能获得更多时间去解决其他问题。潘诺斯指出，企业能力的高低取决于企业拥有资源的状况，而人力资源拥有质量的高低决定了企业其他物质资源的质量。企业资源积累率的提高依赖于企业中的知识积累过程和组织学习能力，而资源积累过程又反过来为知识积累和学习能力创造物质基础。潘诺斯还构建了企业资源-企业家能力-企业成长分析模型。他指出，企业能力的扩展程度是由企业成长的速度、方式和界限决定的，而管理者具有的能力是决定企业能力高低的关键。管理能力由管理团队的能力和专业化经验构成，它不能通过市场交易的方式获得。管理团队的经验和能力只能在生产经营中获得，它决定了企业其他资源所提供的生产性服务的数量和质量，最终影响企业的成长速度。Tosi（1976）指出，公司成长性主要通过资产规模、销售收入、员工描述等成长性指标的绝对增长体现出来。小艾尔弗雷德·钱德勒（1987）认为，公司成长的源泉在于技术的发展和市场的扩大，而“现有的市场需求和技术将会创造出管理协调的需求和机会”。普拉哈拉德、哈默尔（1990）指出，企业持续竞争优势的根本是其核心能力，但企业所具有的核心能力本身并不能自动转化为竞争优势，而是需要相应的机制和条件支持。Chandler（1992）认为，公司成长主要指企业组织能力的提高和市场范围的扩大。Solvay 等（1998）指出，公司成长主要取决于公司长期技术进步和经济周期变化所导致的短期需求变动这两个方面因素的综合。Elizabeth（2000）则认为，公司增长与成长的概念并不相同，成长既包括量的增加，还包括质的提高；而增长通常只包括量的增加。Erkki 和 Laitinen（2002）提出，公司成长性的根本标志是企业素质的提高。Ghosh 等（2001）认为，公司成长是在未来较长一段时期内企业所表现出来的整体持续发展和扩张的势头。

4.1.2 中国学者对公司成长性的界定

中国学者对公司成长性的理解与西方略有不同。吴世农等人（1999）提出，上市公司成长性的衡量指标应该满足两个条件：一是股东权益报酬率（Shareholders' return on equity）高于股东权益社会折现率（Shareholders' equity social discount rate）；二是公司净利润同比增加，并且净利润呈较稳定的上升趋势。而公司成长性是其在经营管理和发展趋势等方面所体现出的一种综合特征。吴清津、陈涛（2000）则认为，公司成长是“量”“质”变化的互动过程，在互动过程中，公司结构也随之改变。“量”的增长包括公司规模的扩张、公司要素的增加及经营绩效的增长等，而“质”的增长包括公司经营、技术或空间等结构的变化和创新，它能使公司优化内部资源配置，从而使“量”增长的速度提高。“量”以“质”的成长为前提，“质”以公司核心竞争力的提高为目标。朱和平（2003）提出：公司成长包括核心能力由弱变强、规模由小变大的发展过程，即公司充分挖掘内外部资源而表现出来的整体扩张态势。金建培（2010）认为，公司成长性是指公司在一定时期内经营绩效的变化过程，即公司在一个较长（至少5年）时期内，保持绩效指标平稳、持续增长的态势。

尽管国内外学者对公司成长性含义理解的角度不同，但普遍认为公司成长是公司内外部因素共同作用下体现出来的公司"量"的扩大和"质"的提升过程。"量"的扩大指公司可利用资源数量的增加，具体表现为股东财富的增加、员工人数的增多、销售额的增加、资产的增值、利润的提高等。而"质"的提升通常指公司治理结构的改善、经营资源的性质变化、获取利用资源能力的提升以及支配主体的创新等，其结果表现为公司核心竞争力的提高、创新能力的增强、环境适应性的增强等；即公司成长就是"量的增加和质的提升"相结合的持续发展过程。而量的增长与质的提升过程最终都会通过财务报表体现出来，因此，本研究通过上市公司公开的财务报表信息来提取公司成长性评价指标。

4.2 公司成长性评价方法

4.2.1 成长性评价概述

客观准确地对公司成长性进行评价，对于公司董事会、所有者和经营管理者来说，都是非常重要的事情。通常，公司成长性可以通过公司在一段时间内（大于5年）的一系列指标综合反映出来。由于上市公司一系列指标之间常常存在较高的相关性，指标之间信息重叠也会造成严重共线性等问题，因此，在进行公司成长性评价时，如何从众多原始指标中筛选出少数几个能包含绝大部分原始信息且具有代表性的指标，就成为公司成长性评价的关键所在。中西方学者对公司成长性评价主要采用以下两种方式。

4.2.1.1 单一指标评价法

企业成长可以通过工作复杂性的提高、规模扩大以及员工或资产数量的增加体现出来。企业成长性的评价可以通过对单一指标的评价来实现。现有文献中，销售额的增长、净资产或总资产的增长、员工人数以及净利润和市场占有率的增长、产品质量或顾客满意度的提高等指标都曾做过评价企业成长性的单一指标。但究竟使用哪一个指标最能体现公司的成长性，学者们尚未达成一致意见。相比较而言，用销售额和员工人数增长来衡量企业成长性的学者较多，因为这一指标对资本强度和规模不敏感，可以在不同类型企业中使用。而产品质量或市场份额等指标只能用于同一行业不同公司间的比较，净利润指标只适用于同一企业不同阶段的比较。用员工人数作为成长性评价指标也存在缺陷，对于机械与自动化程度较高的企业，在劳动生产率提高的同时，员工人数并不会增加。尽管用单一指标对企业成长性评价其优点是数据容易获得，计算简单方便，但是单一指标使用局限性较强，评价结果的科学性和准确性难以保证，因此逐渐被其他评价方法所取代。

4.2.1.2　多指标综合评价方法

公司成长通常受到多种因素影响，常表现为复杂的动态过程。采用单一指标无法客观评价公司的成长性，因此产生了多指标综合评价方法。该方法是将反映公司不同成长特征的多项因素或指标，通过一定的算法合成一项或较少的几项指标，评价公司成长性。该方法能将反映事物特征的多项指标信息汇集在一起，通过统计分析筛选出一项或几项主要指标，以该指标反映被评价事物整体信息。多指标综合评价方法包括多个量性指标合成评价体系和量性指标与质性指标合成评价体系两种方法。

多个量性指标合成评价体系是指反映公司成长性的指标全部是定量指标，其优点是数据较客观。Acs 等在 1990 年就使用了诸如销售额增长、销售额的平均变化、员工数量变化率等多个定量指标来评价成长性。中国学者符林等（2008）选取的是净利润增长率、现金实力（cash strength）、收入增长率、偿债能力指标（solvency index）、资产增长率等指标综合反映公司成长性。杨宜苗（2010）则采用主营业务收入增长率、净利润增长率、总资产收益率增长率、主营利润增长率、股东权益增长率 5 个指标来衡量零售企业成长性。上述学者所选用的衡量公司成长性的指标都是定量指标。

有些学者认为，企业成长性既包括量的成长也包括质的成长，它不仅受资源和利润等条件约束，还受到高管团队能力、组织创新等质性指标的影响，这样就产生了量性指标与质性指标合成评价体系。例如，西方学者 William Gartner（2008）就选取了员工增长、组织成长、并购成长、成长规则特征等指标为衡量标准，定义出 7 种与公司成立时间规模以及产业从属关系有关的不同成长模式。林平凡等（2005）则从公司成长能力、成长状况、成长质量三个方面构建了广东省中小企业板上市公司成长性分析体系。王举颖等（2006）则构建了客户/市场、账务价值、学习与成长以及内部运作流程四个维度的公司成长性评价指标来评价科技型中小企业的成长性，其中学习与成长指标的确定是由员工流动率、员工培训率、近三年新产品销售比率以及近三年技术投入比率四项指标完成，这一指标对于构建公司成长性评价体系起到了重要的引导作用。王忠云等（2011）引入了生态位理论，展开了对民族文化旅游企业发展演化的研究，他将影响民族文化旅游企业发展的生态位整合因子划分为资源生态位因子、需求生态位因子、制度生态位因子和技术生态位因子，这些因子构成了民族文化旅游企业发展的外源动力。以上学者在构建公司成长性评价指标时，不仅考虑了定量指标，还加入了质性分析指标，这更增加了公司成长性评价的全面性和客观性。

4.2.2 多指标综合评价法的实现

多指标综合评价法有很多种实现方式，中西方学者大多采用以下方法进行公司成长性评价。

4.2.2.1 突变级数法

突变级数法是利用模糊数学和突变理论的结合构造模糊隶属函数，将评价对象进行多层次矛盾分解后，由归一公式对各评价对象进行统计计算，得到总隶属函数，完成评价对象排序分析的方法。突变级数法不需要对评价指标进行主观赋权，但却考虑了被评价指标的相对重要程度，这样能够大大降低人为主观性，使评价结果更加客观准确，而且计算简便，因而其应用范围广泛。

4.2.2.2 GEP 评价法

2001 年，国家经济贸易委员会中小企业司等部门针对中小企业成长性评价专业开发了 GEP 评价模型，该模型在 2003 又经过修正，成为中国学者在文献中使用最多的成长性评价方法。GEP 评价法选取企业各方面的财务指标，从企业偿债能力、发展状况、经济效益、获利水平到行业成长性等 5 个方面指标构建成长性综合指标，运用二维评判模型，从时间和空间二个维度评价企业的发展状况，力求科学、规范地评价企业的成长性。GEP 评价法的优点是选取企业三年以上的财务指标，考虑到了指标的连续性和动态性，同时在空间上体现被评价企业的行业地位，可以更客观地反映企业未来的成长趋势。其缺点是分值标准的确定存在主观因素，而且计算过程繁琐，需要计算的数据量大。

4.2.2.3 灰色关联度分析法

灰色关联度分析法（Gray Relational Analysis，简称 GRA）是根据各因素提供的样本数据，运用模糊数据模型找到因素间的关联关系，并且按关系的强弱、大小进行排序。灰色关联度分析法的优点是对分析的数据要求标准较低，数据量可以较少；缺点是人为主观性过强，与其他方法相比，计算结果的可信度相对较低，部分指标最优值难以确定。

4.2.2.4 因子分析法

因子分析法是将多项评价指标进行降维处理后，用较少的因子代替多项指标，对样本总体进行分析的一种统计分析方法。因子分析法能将关系复杂的多变量指标降维成数量较少的几项因子，但不影响原始变量与因子间的相关关系。因子分析法的优点是便于操作，容易与其他分析工具结合起来使用。

一个典型的因子分析法流程包括以下几项：

（1）辨认、收集观测变量；

（2）获得协方差矩阵（或 Bravais-Pearson 的相似系数矩阵）；

（3）验证将用于因子分析法的协方差矩阵（显著性水平、反协方差矩阵、Bartlett 球型测验、反图像协方差矩阵、KMO 测度）；

（4）选择提取因子法（主成分分析法、主因子分析法）；

（5）发现因素和因素载荷；

（6）确定提取因子的个数（以 Kaiser 准则和 Scree 测试作为提取因子数目的准则）；

（7）解释提取的因子。

随着计算机数据分析软件的广泛使用，越来越多的中外学者采用因子分析法进行多指标评价。与其他多指标评价法相比，因子分析法能够从众多反映因变量的指标中选取少数能体现总体特征的少数指标，本研究所提取的少数几个指标能体现出总体 75%以上的信息，同时对指标的权重赋值全部由统计软件算出，这也避免了主观因素对样本结果造成的影响。因此，本研究采用因子分析法对公司成长性进行测度。

4.3 公司成长性评价指标选取

4.3.1 研究样本选取依据

公司成长性评价样本选取应当符合以下条件：

（1）有效性，即样本公司的数据指标能准确反映公司成长性；

（2）客观性，即选取的样本信息真实可靠；

（3）易获性，即样本公司所需的信息获取容易并可量化；

（4）综合性，即评价指标能够较全面地反映公司的成长特征，包括指标体系的完整性和指标基础数据的综合性；

（5）前瞻性，即样本数据的选取最好能体现出公司未来成长势头。

总之，在遵循以上原则的基础上，要尽可能选取样本公司多方面信息来体现公司成长性，以达到对公司成长性全面、准确、客观地评价。

根据上述样本的选取原则，本书选取中国中小企业板 2004 年挂牌以来最早上市的 202 家企业为研究样本。上市公司是中国市场经济发展中最有活力的一分子，它构成了中国资本市场发展的基石。上市公司成长性好坏直接影响着资本市场的竞争力和吸引力。随着中国上市公司规模的不断壮大，以及在区域经济、行业发展中的引领作用，其在国民经济发展中的作用日益增强，成为中国经济发展的“发动机”和中坚力量。样本选取依据如下：

（1）数据信息客观、有效且容易获取。为了减少个人偏见，客观评价中国公司的成长性，研究需要在大范围的基础上，找出不同规模、产业、形态和地理位置的杰出公司，针对这些公司的数据信息进行成长性评价，而只有上市公司能够符合上述特征。众所周知，上市公司每年对外公布的年报要经过会计师事务所审计，通过且经全体董事声明无虚假记载和重大遗漏，因此，以中国中小企业板上市公司为研究样本，与非上市公司相比，其数据信息较易获得，而且信息相对客观、有效。

（2）数据符合一致性原则。本书选取中国中小企业板推出以来最早上市的202家企业为研究对象，这202家企业均为2005年以前上市，因此所提供的年报信息均满足10年以上，同创业板（2009年推出）公司相比，其时间跨度较长。同主板市场相比，大多数民营企业选择在中小板上市，且流通盘均在1亿股以下。因此，中小板上市公司市场化程度更高，经营风险也更大。选择中小企业板上市公司作为研究对象，其结论能更科学地反映中国企业的发展现状。

（3）数据具有前瞻性和综合性。中小企业对于促进世界各国经济发展具有举足轻重的地位，其在扩大就业、社会稳定、收入分配、活跃市场和国民经济结构布局等方面起到了难以替代的作用。中小企业构成了各国市场竞争的推进器、安排就业的主渠道、培育企业家和创业文化的发源地，但中国中小企业的死亡、淘汰率相当高，其生存发展已经构成了中国经济发展的桎梏。对中国中小企业成长性问题进行研究，有助于推动经济发展和社会稳定，具有揭示和预测中国经济发展状况的前瞻性，体现和标志中国国民经济发展水平的代表性。

4.3.2 本研究中成长性评价指标的选取

通常来说，公司成长性可以通过公司在一段时间内（一般大于5年）的一系列指标综合反映出来。由于上市公司一系列财务指标之间常常存在较高的相关性，指标之间信息重叠也会造成严重共线性等问题。因此，在进行公司成长性评价时，如何从众多原始指标中筛选出少数几个能包含绝大部分原始信息且具有代表性的指标，就成为公司成长性评价的关键所在。

中国学者从佩华（1997）选取了主营利润比例、净资产收益增长率、资本保值增值率、主营收入与主营利润增长同步率、资本周转加速率以及利润留成保留率这几项财务指标构建公司成长评价模型，此外还细分了影响公司成长性的内外部因素，但没有将这些因素反映在评价体系中。吴世农等（1999）研究得出：中国上市公司成长的实质应是净资产收益率大于净利润增长率和资本平均成本，资产周转率、负债比率、毛利率、期间费用率和主营业务收入增长率对上市公司成长性起决定性影响，但因只有一年的指标考察公司成长性，其结果准确度不高。

国家经济贸易委员会中小企业司和中国企业评价协会组成的联合课题组（2001）等建立了包括净利润增长率、发展状况和销售收入、资产的增长率、总资产报酬率（ROA）、盈利水平内在投资价值（profit level intrinsic investment value）、工资增加值率、经营效率（operating efficiency）、销售利润率、资本收益率（capital rate of return）、行业成长性（industry growth）、偿债能力、资产负债率和行业收入成长率等五大类指标组成的中小企业成长性综合指标体系。

陶长琪（2002）选取总资产增长率（total asset growth rate）、净利润增长率（net profit growth rate）、销售收入增长率（sales revenue growth rate）、资产负债比（balance of assets and liabilities）和现金实力（cash strength）作为成长性评价指标来衡量中国上市公司成长性，采用主成分分析法得出抗风险能力（risk ability）、营销能力（marketing ability）、发展能力（development ability）和获利能力（profitability）四个主成分的公司成长评价模型，综合得分大于 0 的公司其成长性较好，反之成长性较差。慕静（2005）等构建出包含盈利能力（profitability）、成长速度（growth rate）和营运能力（operational capacity）三大项指标的成长性评价体系，对 2003 年中国成长企业前 100 强进行了分析。李延喜（2006）等从盈利能力状况（profitability status）、投资报酬状况（investment compensation status）、资产运营状况（asset operation status）、发展潜力状况和偿债能力状况五方面对中国上市公司成长性进行评价；同时，采用因子分析法对 2004 年沪深两市上市公司研究样本进行了分析，构建出成长性综合评价模型；按照 EVA 是否大于 0，对研究样本分组后评价上市公司成长性。

李定珍、唐红涛等（2007）构建了包括盈利能力（profitability）、营运能力（operational capacity）、偿债能力（solvency）和成长能力（growth capacity）等四大项 13 小项公司成长性评价指标，采用因子分析法对中国上市零售企业成长性进行评价排序，得出了 1997~2006 年公司成长性排名。

李益娟（2009）构建了包括偿债能力、股东获利能力、营运能力、盈利能力、现金流量能力、发展能力六大项、三十六个小项财务指标的成长性综合评价模型，并验证了该模型具有实际应用价值。

冒乔玲等（2009）根据数据的一致性、客观性、易获性和综合性原则，选取反映出企业财务安全水平（enterprise financial security level）、盈利水平（profit level）、资产使用效率水平（asset use efficiency level）和发展水平四大项定量评价指标，采用因子分析法对江苏省 2006 年前上市的公司成长性进行评价；又按市净率大于和小于均值进行分组，验证模型的有效性。

胡亚权、周宏（2012）提出：公司成长性的衡量一般包括公司市场价值与资产账面价值的比值，研发费用占总资产价值的比重等。由于这两方面的数据欠缺，国内学者大多使用总资产增长率、主营业务收入增长率、净资产增长率、营业收入增长率等来衡量公司成长性。吕长江等（2006）选取了主营业务收入增长率作为衡量企业成长性指标。而谢军（2005）等和马红（2015）等却选择市净率指标来衡量中国上市公司成长性。

纵观上述学者对公司成长性的评价，主要包括以下几项指标：反映盈利能力的指标有：利润总额增长率、净资产收益率、销售毛利率、销售净利率、每股收益、息税前利润；反映营运能力的指标有：资产周转率、资产负债率、现金收入比、每股经营现金流量、每股净现金流量；反映投资报酬状况的指标有：总资产报酬率、投资资本回报率、总资产增长率、市盈率；反映企业发展潜力的指标有：员工人数增长率、每股净资产、营业收入增长率、市净率和每股销售额。可见，公司成长性无论是量的增长还是质的提升，最终都会通过财务报表中的数据体现出来。本研究结合中西方学者对公司成长性评价指标的选取经验，并力求客观真实地反映中国中小企业板上市公司成长性，同样选取以上四方面 20 项指标近十年的数据进行成长性评价。指标选取如表 4-1 所示。

表 4-1 上市公司成长性评价指标

成长性评价	各维度细分	计算公式
盈利能力	利润总额增长率	(本年利润增长额/上年利润总额)×100%
	净资产收益率 ROE	税后净利润/净资产×100%
	销售毛利率	[(销售收入-销售成本)/销售收入]×100%
	销售净利率	(净利润/销售收入净额)×100%
	每股收益 EPS	净利润/总股本
	息税前利润 EBIT	企业的净利润+企业支付的利息费用+企业支付的所得税
营运能力	总资产周转率（倍）	(营业收入净额/平均资产总额)×100%
	资产负债率	(负债总额/资产总额)×100%
	现金收入比	销售商品和劳务收到现金/营业收入（%）
	每股经营现金流 OCFPS	经营活动现金净流量/总股数
	每股现金净流量 CFPS	(经营性+投资性+筹资性)现金净流量/总股数
投资报酬状况	资产收益率 ROA	净利润÷平均资产总额[(年初资产总额+年末资产总额)/2]×100%
	投资资本回报率 ROIC	(净收入-税收)/总资本
	总资产增长率	本年总资产增长额/年初资产总额×100%
	市盈率 PE	每股市价/每股收益
企业发展潜力	员工人数	计算期当年末在册员工总数
	每股净资产 BPS	股东权益÷总股本
	营业收入增长率	[(本期营业额-上期营业额)/上期营业额]×100%
	市净率 PB	每股市价/每股净资产
	每股销售额 SPS	主营业务收入/总股本

资料来源：笔者整理。

本书选取以上 20 项指标对中小企业板上市公司进行成长性评价，数据信息全部来自万德资讯中的上市公司年报。上述 20 项指标不仅包括了公司规模、数量的成长，还包括了公司质量的提升，同时涵盖了十年的时间跨度。数据指标的选取无论是在横向还是纵向上都体现出一致性和客观性原则，指标选取科学合理。

4.4　公司成长性评价模型构建

4.4.1　变量描述性统计

中国自 2004 年 6 月推出中小企业板以来，截至目前已经有九百多只股票在中小板上市。本研究选取中小板 2005 年以前上市的 202 家公司为研究样本，通过对 202 家公司年度报表数据分析。研究发现，在所选取的 202 家上市公司中，仅有 11 家企业从 2006 年开始连续 10 年利润增长率为正数，且这 11 家公司的利润增长幅度较为稳定。超过半数以上的企业在 2013～2014 两年间利润增长率为负数，这同中国经济增长现状较为吻合，同时也反映出本研究样本选取较合理。变量描述性统计如表 4-2 所示。

表 4-2　成长性分析自变量描述性统计表

Variable	Obs	Mean	Std. Dev.	Min	Max
xuhao	2015	101. 7	58. 25	1	202
营业收入增长率	2015	20. 98	38. 28	-97. 50	546. 8
利润总额增长率	2015	16. 11	474. 1	-3039	16910
总资产增长率	2015	25. 70	40. 26	-82. 08	778. 7
ROE	2009	11. 73	14. 25	-189. 6	95. 41
ROA	2015	6. 311	7. 280	-77. 65	46. 38
ROIC	2005	7. 995	9. 282	-94. 57	61. 49
销售毛利率	2005	27. 55	16. 74	-36. 92	92. 51
销售净利率	2015	8. 780	17. 07	-464. 3	84. 20
EBIT	1978	17. 15	15. 60	-202. 6	99. 16
资产负债率	2015	44. 44	19. 69	1. 780	239. 4
资产周转率（倍）	2015	0. 854	0. 651	0. 0300	7. 870
现金收入比	2005	100. 7	18. 79	28. 17	354. 3
EPS	2014	0. 376	0. 431	-4. 320	4. 020
BPS	2003	3. 567	1. 623	-2. 740	14. 29
SPS	2015	5. 811	5. 495	0. 0900	49. 52
OCFPS	2015	0. 436	1. 030	-8. 400	19. 14
CFPS	2015	0. 222	1. 106	-13	23. 64
PE	1763	44. 47	888. 9	-15770	26221
PB	1764	4. 278	2. 943	-18. 28	24. 36
员工人数	1966	2409	2677	21	21676

表4-2中，202家公司十年数据应为2020个，但大多数据不足2020个，是由于上市公司对外公布的信息有部分缺失，但缺失数量很少，并不影响总体结论的准确性。

4.4.2 中小企业板上市公司成长性模型

为了客观地对中小企业板上市公司进行评价，本研究采用前文所述因子分析法中的主成分分析来完成原始指标的筛选工作。主成分分析（也称为主要变量分析法）“是一种将具有一定相关性的多个变量或指标，经统计软件简化并重新组合成一组相互独立的新的少数几个变量或指标的多元统计分析方法。经简化后的新的变量或指标，能够保留原始变量或指标中的绝大部分主要信息，并比原始变量或指标具有简单明了的特性；同时新变量或指标之间彼此相互独立，新变量还可以表示为原始变量或指标的某种线性组合。”因此，主成分分析法成为解决众多变量或指标之间具有一定相关性问题的非常有力的工具，能够克服公司成长性评价过程中众多指标之间存在相关性、信息重叠等复杂难题，易于抓住问题的主要关键所在，是科学合理地对公司成长性进行评价的方法之一[71]。

由于研究所用数据既包括截面数据，又包括时间序列数据，因此需选用STATE数据统计软件进行因子分析。分析过程如下：首先对20个因子做SMC和KMO检验，SMC检验结果如表4-3所示，KMO检验结果如表4-4所示。

表4-3 SMC检验结果

Squared	Multiple
Variable	smc
营业收入增长率	0.201
利润总额增长率	0.134
总资产增长率	0.482
ROE	0.882
ROA	0.959
ROIC	0.955
销售毛利率	0.648
销售净利率	0.881
EBIT	0.841
资产负债率	0.642
资产周转率（倍）	0.820
现金收入比	0.0988
EPS	0.885

续表 4-3

Squared	multiple
BPS	0.736
SPS	0.854
OCFPS	0.348
CFPS	0.419
PETTM	0.0467
PBMRQ	0.312
员工人数	0.178

表 4-4 KMO 检验结果

Kaiser-Meyer-Olkin	Measure of sampling adequacy
Variable	kmo
营业收入增长率	0.861
利润总额增长率	0.810
总资产增长率	0.697
ROE	0.887
ROA	0.854
ROIC	0.842
销售毛利率	0.901
销售净利率	0.852
EBIT	0.784
资产负债率	0.569
资产周转率（倍）	0.435
现金收入比	0.443
EPS	0.859
BPS	0.511
SPS	0.485
OCFPS	0.554
CFPS	0.720
PETTM	0.448
PBMRQ	0.659
员工人数	0.777
Overall	0.757

SMC 是分析一个变量与其他变量复相关系数平方关系的指标，或者称为复回归方程的可决系数。其值在 0 到 1 之间，越接近于 1 表明变量的线性关系越强，即共性越强，越适合做主成分分析。通过表 4-3 可以看出，上述 20 项指标中有 11 项指标值大于 0.5，有 4 项指标值接近 0.5，可以看出研究选取指标适合做主成分分析。

对上述 20 项指标做 KMO 检验（结果如表 4-4 所示）后发现：有 8 项指标的 KMO 数值大于 0. 8，有 4 项指标值接近 0. 8，其余值也在 0. 5 左右，因此得出：衡量成长性的各个指标之间存在相关性，适合做因子分析。

将选取的上述 20 项指标按 SMC 值排序后做主成分分析，结果如表 4-5 所示。

表 4-5 因子分析结果

因子	特征根	差异	方差贡献率	累积贡献率
营业收入增长率	5. 95627	3. 51259	0. 5261	0. 5261
利润总额增长率	2. 44368	1. 33879	0. 2158	0. 7419
总资产增长率	1. 10489	0. 21698	0. 0976	0. 8395
ROE	0. 88791	0. 29962	0. 0784	0. 9179
ROA	0. 58829	0. 09702	0. 0520	0. 9699
ROIC	0. 49127	0. 17029	0. 0434	1. 0133
销售毛利率	0. 32098	0. 09062	0. 0283	1. 0416
销售净利率	0. 23035	0. 08567	0. 0203	1. 0620
EBIT	0. 14468	0. 11622	0. 0128	1. 0748
资产负债率	0. 02846	0. 01665	0. 0025	1. 0773
资产周转率（倍）	0. 01181	0. 02414	0. 0010	1. 0783
现金收入比	−0. 01233	0. 00585	−0. 0011	1. 0772
EPS	−0. 01818	0. 02729	−0. 0016	1. 0756
BPS	−0. 04547	0. 01310	−0. 0040	1. 0716
SPS	−0. 05857	0. 02809	−0. 0052	1. 0664
OCFPS	−0. 08666	0. 04477	−0. 0077	1. 0588
CFPS	−0. 13143	0. 00583	−0. 0116	1. 0472
PE	−0. 13726	0. 02245	−0. 0121	1. 0350
PB	−0. 15970	0. 07730	−0. 0141	1. 0209
员工人数	−0. 23701	.	−0. 0209	1. 0000

LR test：independent vs. saturated：chi2 （190） = 2. 6e+04Prob>chi2 = 0. 0000.

根据上述结果构建出主成分分析法的碎石图（图 4-1）。

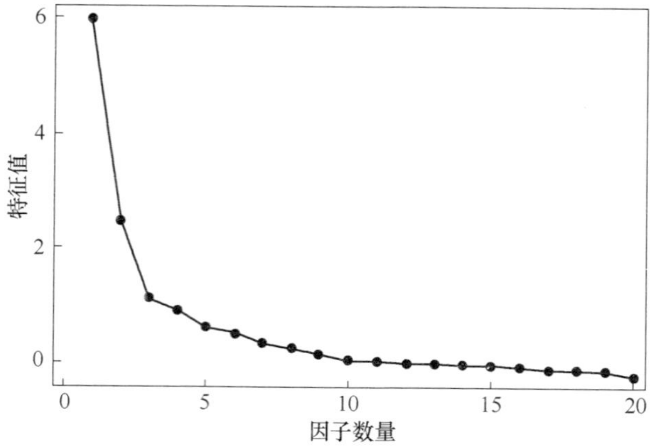

图 4-1　主成分分析结果碎石图

通过上述分析结果可以看出：特征值大于 1 的财务指标有三项分别是净资产收益率 ROA、投资资本回报率 ROIC 和每股收益 EPS。这三项指标累积方差贡献率达 0.8395，即这三项指标能反映整体 20 项指标中 83.95%的信息。研究以这三项指标的方差贡献率为权重，加权平均后算出每家公司每年的公司成长性数值如下公式所示：

$$公司成长性(Y) = 0.5261 \times ROA + 0.2158 \times ROIC + 0.0976 \times EPS$$

上式即为中小企业板上市公司成长性计算公式。在下一章中，本公式将作为因变量数据来反映高管团队认知对其发生作用的机理。

4.5　本章小结

公司成长性无论是量的增长还是质的提升，最终都会通过财务报表体现出来。本研究通过对前人理论的梳理，提取出反映公司盈利能力、营运能力、投资报酬状况和企业发展潜力四方面 20 个小项指标的公司成长性评价模型，指标的选取无论是截面还是时间上都体现了一致性和客观性原则。研究采用因子分析法中的主成分分析将 2005 年前上市的中小企业板 202 家上市公司近十年的 20 项财务指标进行降维处理，提取出净资产收益率 ROA、投资资本回报率 ROIC 和每股收益 EPS 三项指标，这三项替代指标能够解释 83.95%的原指标特征。研究选取三项指标的方差贡献率为权重，构建了本研究的公司成长性评价模型。

第 5 章　高管团队认知与公司成长性实证分析

高管团队认知作为公司成长性差异最重要的解释变量，其认知表征的提取过程构成研究的难点之一。本研究基于 Ocasio 提出的（attention-based view）注意力基础观理论，从高管团队注意力配置点着手，采用内容分析提取高管团队认知变量，构建出高管团队认知表征模型，用数据统计方法实证分析高管团队认知对公司成长性差异的作用机理。

5.1　高管团队认知变量的提取

5.1.1　注意力概念

西方学者 Herbert Simon（1947）首次将注意力的概念引入到管理学研究中，而注意力概念最初源于卡内基学派（Cyert and March，1963）。Simon 提出管理就是决策，管理者所做的决策往往是根据自身关注的焦点问题而选择的。管理者的注意力聚焦在哪一类问题上，就会针对这一问题做出决策。因此，对于企业来说，稀缺的并不是信息，而是处理信息的能力。在 Simon 将注意力概念引入管理学之后，Ocasio 将这一理论应用于管理者认知研究并取得了很大的进展，他提出了企业注意力基础观（attention based view of the firm）理论，指出除了管理者本身的特征以及决策者所在的组织环境以外，还有很多因素能够影响管理者的注意力。但对研究者来说，最有价值、最重要的还是 CEO 和高管团队的注意力，因为他们决定了整个企业的战略方向。但对于注意力如何在企业决策中发挥作用，Ocasio 却没有提及。

Simon 认为，在经济增长、信息爆炸的社会中，管理者接触的信息量大大超过了他们的接受能力，信息的丰富性导致了管理者注意力的稀缺性。管理者究竟要将注意力配置在哪些事件上，取决于各事件的显著程度，而事件的显著程度又受到环境、产业以及组织等因素的影响。Marton 等人（1997）构建了一个注意力选择模型，模型对不同事件按影响因素高低赋予了不同的强度，强度最高的事件其显著性也最高，获得高管的注意力也就最多。因此，Ocasio（1997）将注意力定义为：管理者对事件（比如环境中的机会、问题、威胁等）和反应（比如计划、惯例、建议、程序等）所产生的关注、解释和聚焦的行为。也就是说，注意力配置指个体如何把时间和精力配置于各种环境刺激因素上面。虽然这个定义是从组织管理角度提出的，却和心理学中相关理论的提法一致。心理学指出，注意力是一些事物（比如某事件、趋势、想法等）占据某一个体意识的程度（Fiske and Taylor，1984）。与个体的注意力相同，组织层面的注意力也是很有限的，某一组织环境中的管理者不同，其对环境的认识角度也不相同，从而造成其注意力方向亦不相同。在管理者对某一环境的熟悉或认知过程中，管理者的认知会主动关注、感知、选择信息，同时还要对信息进行整理、存储和激活后进行意义构建（Osbome and Wittrock，1983）。也可以把这一过程看成管理者的创造过程，即管理者基于注意力关注点，将收集整理后的信息转变成企业战略的创造过程。而这个过程最先要做的就是管理者如何将注意力合理进行分配，以确保进入管理者大脑的信息都经过了过滤、加工和筛选。由于信息的丰富性和注意力的有限性，管理者不可能在所有事情上分配同样的精力。换句话说，管理者会将注意力配置到他们所关注的事物上面，对他们不关注的事情也就不会分配更多的注意力，有的学者将这一过程看做是一种竞争机制，即多种项目相互争夺管理者的注意力。Hansen（2001）在内部知识影响管理者注意力竞争的研究中曾指出，可以将组织内部看做是信息提供者供应大量信息的市场，同时为争夺高层管理者的注意力而展开竞争。那么，高层管理者究竟对何种信息更感兴趣呢，有些学者指出：从某种程度来说，注意力的方向由实际目标的表象来决定（Cialdilli et al，1990）。例如，如果某一产业发生了变化，相关出版物或媒体就会大量谈论这种变化，企业高层管理者的注意力就会下意识地被其所吸引。Daft 等人（1988）指出，在经济日新月异的变化中，不确定性事件发生的概率越来越大，因此高层管理者对信息扫描的次数就会愈加频繁，即注意力是由管理者所处的环境所决定的 Ocasio（1997）。

1984 年，亨瑞克和梅森在提出高层梯队理论时就曾指出，注意力方向或者注意力关注点是高管团队的一项重要特征，也是企业组织进行战略选择的依据。虽然在一个组织中，组织成员面对的环境相同，处理的信息也相同，但并不能认为组织中的每个成员的注意力方向是一致的。组织中某些观念会占主导，而其他一些观念却处于次要地位。任何企业管理团队中成员的思想都不可能始终保持一致。组织决策的选择取决于各种观念的主次地位，因此对高管团队注意力的配置进行研究，不应仅仅关注高层梯队的注意力，还应该包括组织中其他层级管理者的注意力。例如，Dan and Weick（1984）曾指出：组织对信息的解释过程，不仅包括组织中层级较高的高管，还包括组织中层级相对较低的管理者对信息的理解过程。正是组织中的低层级管理者收集到组织内外的相关信息并将其整理汇总到高层管理者手中，这其实也体现出个体认知到群体认知的转变过程。这样我们就能将组织中的认知要素划分为两个层面：个体零散的认知和高管团队认知。其中，高管团队认知是集体层面的认知，由高管团队中所有成员的个体认知以及成员间的沟通互动来决定，这一过程是通过团队中成员在共同工作的经历中形成的一系列信息共享、采集、转移、处理和解释的思维过程来实现的。而个体认知则取决于个体的工作背景、知识结构以及长期决策经验的积累。March 和 Simon (1958) 认为，注意力是管理者个体特征的产物。个性和价值观在心理学上被看做是管理者的个体特征，管理学上更关注的是个体的经验、职能背景等。更多的学者认为，具备不同特质的高层管理者面对新的信息所产生的反应行为是不相同的（Dan and Weick，1984）。当然，环境变化也会给团队带来影响，且其影响比对个体的影响要复杂得多。学者们普遍认为环境变动会先改变管理团队的特质，再导致团队注意力的转移。高层梯队理论认为，由于个体认知的有限性或个人偏见的影响，高管更倾向于看他们想看的事物，忽略或过滤掉与他们认知结构或价值取向不相符的信息（Weick，1979）；注意力作为高管个体特征的一部分，会对高管的感知和解释过程产生重要影响。因此，在对信息解释或过滤过程中，高管认知发挥着重要作用（Ocasio，1997）。外部环境变化对组织绩效的影响过程如图 5-1 所示。

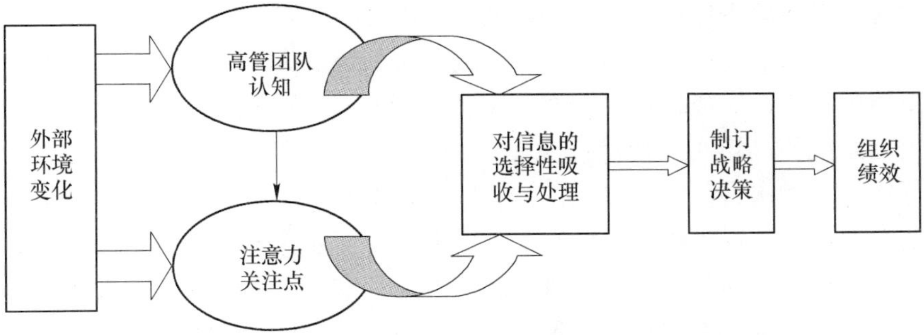

图 5-1 外部环境变化对组织绩效的影响过程

5.1.2 注意力的量化方法

对高管团队认知的测度，一直是学者们面对的一项主要挑战（Huff，1990；Lant & Shapira，2001），以往通过访谈等方式对高管团队认知进行的定性推断，其可靠性与可复制性存在很大的不确定性，除少量的案例研究之外，其在实证分析中的可行性并不高（Cho & Hambrick，2006）。西方学者 Hansen（2001）指出，管理者注意力量化方法有很多种，主要有问卷调查、高管访谈、公司文本资料分析、咨询公司数据等方法。但学者们普遍认为，传统的问卷调查或访谈等方式收集管理者认知数据，有以下三点主要缺陷：一是采用问卷调查方式对高管团队进行认知研究，通常回应率较低，样本也大多集中于小型公司，由于管理者会存在回忆偏差，可能造成问卷调查结果反映不出管理者事件发生时的认知状态

（Cho & Hambrick，2006；Golden，1992）；二是在访谈或问卷之前，访谈者已经设计好了想问的问题，问题设计过程会存在人为主观问题的干预效应（Eden，et al.，1993），可能会影响到研究效度；三是访谈和问卷法还受到严格的时间限制，无法准确测量管理者曾经对环境的认知，而高管团队认知研究应该有一定的时间跨度，这样才能反映出环境改变对管理者认知造成的影响。因此，研究者们参考了传播学和心理学中的因果映射法和文本分析法对高管团队注意力进行测度。这两种方法都是基于企业对外公布的大量信息进行文本分析，因此它们都属于内容分析法的研究范畴。其中因果映射法多用于对管理者逻辑思维转变的测量。中国学者苏丹、黄旭（2011）在对分析因子进行了较小调整后，采用因果映射法对中国上市公司进行实证分析。笔者发现，虽然因果映射法可操作性较强，但是其涉及的人员众多，步骤复杂，当对大样本数据进行分析时，绘制因果联系图的工作量较大。

Whorf-Sapir（1944）基于一定的假设基础提出了文本内容分析法，认为个体行为的倾向性可以通过其经常使用的文字体现出来，依据文字可以对个体认知作出归类。即个体较少使用的词汇大多处于使用者的认知范畴边缘或以外，而被频繁使用的词汇却能体现出使用者的态度或想法。处于认知边缘或以外的事物常常会使个体感觉不适应或被归为异类（Huff，1990）。文本内容分析法曾被多次用于对美国总统的认知或个性进行测量（Emrich，et al. 2002）。通过对前人研究方法的分析，笔者认为，“文本内容分析法”就是通过对某一组织公开或非公开收集到的全部信息进行分析，找出这一组织中高层管理者的注意力配置点，从而推断其认知结构的一种分析方法。通过定义可以看出，文本分析法应包括以下三个步骤：第一，收集被考察企业的所有（公开或非公开）信息资料；第二，聘请相关领域的专家阅读所有收集到的公开信息，并找出高管团队的注意关注点；第三，依据高管团队的注意力关注点，推断高管团队的认知结构。

目前文本内容分析法在管理及组织研究中得到广泛应用，主要由于其具有以下 4 项优点：

（1）文本分析法可以为管理者个体或集体心智结构（如：价值观、态度、意图和认知）的深入研究提供可复制的方法，其在管理研究中的应用包括企业社会责任、企业意外事件和管理者认知等，而这些问题采用传统的定量方法研究通常十分困难。

（2）文本分析法使用起来灵活方便。它既可以关注于文本表面内容或文本量的统计，又可以关注于文本潜在内容或深刻含义的分析，还可以用于演绎或归纳性研究。

（3）可以将企业信息进行跨时间比较分析（如年度、半年、季度报告的比较）。

（4）与开放式问卷调查法不同之处在于，文本内容分析法通常是非介入性的，不容易受研究者需求偏差的影响，因此研究结论也更客观。

基于上述观点，越来越多的中西方学者采用文本内容分析法对高管团队认知展开研究，本书对高管团队认知表征的提取同样采用了文本内容分析法。

5.1.3 高管团队认知表征变量的提取

目前，对高管团队认知的纵向过程研究最有效的方法，是选取一定时期内（研究周期）的公司文档并根据文档内容进行文本分析来估计高管团队当时的认知状况。该方法的优势是所研究的公司文档是高管团队认知的实时和非干预的结果，在社会科学研究领域得到了广泛应用。其原理是基于 Whorf-Sapir 假设，即假设人们关注外界所形成的认知范畴会嵌入在其所使用的文字当中（Sapir，1944；Whorf 1956）。换句话说，人们经常使用的文字和词语处于认知的中心地带，反映出其认知范畴中最为关心的领域；而那些不常用和从未出现过的文字或词语处于认知的外围地带，甚至代表了某些可能会引起不适或者格格不入的概念（Hulf，1990）。

本研究对高管团队认知表征变量的选取就是基于 Ocasio 提出的“注意力基础观”理论和基于公司文档的内容分析法。“注意力基础观”理论指出，企业高层管理者通常面对着海量信息，这些信息远远超过了管理者所能理解的范围（Simon，1991），管理者只能将有限的注意力聚焦于某些特定的领域。因而，对于企业高层管理者来说，管理者的注意力或处理信息的能力才是稀缺资源。按照 Ocasio 的观点，组织中的管理者如何实施行动取决于其将注意力聚焦在哪些议题上（Ocasio，1997），因而注意力被视为管理者认知结构的关键组成部分，对管理者后续认知过程具有重要影响。基于上述原因，本研究采用近十年企业高层管理者公布的公司年度报告或股东大会报告来测度高层管理者的注意力聚集点。研究从中国中小板 2004 年 6 月推出以来最早上市的 200 家公司中随机抽取 20 家（按大样本 10%比例抽取）公司，收集 20 家公司上市以来的全部年报、对外公告及公司内部信息。聘请三位管理学博士、两位证券投资分析师阅读 20 家公司全部信息，基于信息内容提取高管团队注意力关注点，并对注意力关注点出现的频次赋值打分，频次出现越多分值越高，提取出高管团队注意力关注点及分值，见表 5-1。

本研究将提取出的上述 70 项高管团队注意力关注点按分值大小从高到低排序后，去掉分值小于 2 的高管团队注意力关注点，留下 47 项注意力关注点作为高管团队认知表征维度，又经 5 位专家讨论后，将分值大于 2 的 47 项高管团队注意力关注点整合为 6 大项，分别为：高管团队创新意识、高管团队核心理念、高管团队诚信、高管团队资源整合能力、高管团队组织管理能力和关系构建能力。下面针对上述六项高管团队认知表征，构建出高管团队认知表征模型。

表 5-1 高管团队注意力提取关键词表

关注点整合	高管团队注意力关键词提取	分值
创新意识	研发，生产率，新产品，创新	2 分以上
	技术改进，工艺提升，产能释放	2 分以下
核心理念	核心价值观，使命，愿景，企业宗旨，经营理念	2 分以上
	社会责任，董事长宣言，信仰，政策，战略	2 分以下
高管诚信	违规，披露，减持，增持，操纵，内幕交易	2 分以上
	品质，法律责任，社会责任，道德责任	2 分以下
资源整合能力	销售，推销，营销，市场占有率，并购，收购，兼并，广告，宣传，品牌，投资，扩产剥离，多元化，扩张	2 分以上
	销量创新，渠道，合资	2 分以下
管理能力	产品品质，生产线，质量，存货，库存，物流，降耗，存货，库存，折旧	2 分以上
	需求量，定价，信息	2 分以下
关系构建能力	顾客，客户，供应商，再融资，资本公积转增股本，股权激励，期权激励，现金分红	2 分以上
	增发，战略，重组合并，上游，下游	2 分以下

资料来源：笔者整理。

5.2 高管团队认知模型构建

5.2.1 高管团队认知对公司成长性影响文献

西方管理学者是最早对影响公司成长性因素展开研究的，新古典经济学理论创始人马歇尔就曾提出过很多关于促进企业成长的开创性理论，对于本书提取的高管团队认知各变量对公司成长性影响进行研究的学者也不在少数。对其整理如表 5-2 所示。

表 5-2 高管团队认知对公司成长性影响研究文献

相关学者与年代	研 究 结 论
Marshall（1920）	企业成长是企业内外部因素共同作用而导致的优胜劣汰的结果，企业家才能是企业成长最有力的促进因素。企业家实施制度创新能够突破企业原有成长上限从而开拓新的成长空间。企业外部交易费用的下降和企业所在行业的发展对企业成长也有重要影响
J. A. Schumpeter（1912）	“创新”和“创新机制”对公司成长有重要的推动作用。创新能改变原有生产要素和生产条件的不同组合，从而使企业原有生产体系获得优化产生更多的超额利润。创新能够改变企业原有的生产函数，释放更多生产能力

续表 5-2

相关学者与年代	研 究 结 论
J. A. Schumpeter（1935）	创新能够降低企业原有生产成本、打破原有的经济均衡、改变经济周期和促进竞争，因此创新是企业成长的动力和源泉
George Stalk、David K（20 世纪 90 年代初期）	企业惯例被看做是和生产者要求客户购买产品或服务时做出的让步。而企业成长最有效的途径就是打破原有惯例，创新是打破企业惯例的唯一有效途径
Montomery、Hariharan(1991)	通过实证分析得出企业拥有的资源决定企业成长的方向
Arie De Geus 等人（1997）	研究得出：第一，如果公司能对环境变化反应迅速，则公司适应能力越强；第二，员工对组织有归属感能分享成功的团队意识，团队意识是公司长期发展的动力之源；第三，公司具有包容态度，对于出现的新思想甚至超越其理解范围的行为或试验都能采取宽容的态度；最后，公司不轻易拿自有资金去冒险，对内外融资持较保守的态度，则公司经营越持久稳定
Lisa 和 Harold（2001）	高成长性公司高管更趋向于结构化的组织方式，公司管理更加制度化；更多地选择以技术进步或市场扩张作为其战略目的；有强烈的事业心追求企业成功，愿意为企业发展做出个人牺牲，对公司成长制定充分计划；同时员工具有较强的团队意识，对产品质量和企业信誉更加关注
Allan 和 Ju（2003）	公司成长性体现在公司挖掘未利用资源以保障未来持续发展的能力上

资料来源：笔者整理。

通过上述文献整理可以看出：公司高管团队是影响公司成长性的重要因素。其中高管团队能否为员工提供发展思想的空间；能否将文化、学术、职业背景不同的人组织到一起，发挥合力的作用；能否为保持与外界同步而动态调整其营销策略、组织构成和生产结构。此外，高管团队能否建立良好的内部激励机制、优化内部员工与资本结构等，都是影响企业成长性差异的最关键因素。西方学者詹金和莫博涅（1999）对全球 30 多家知名企业跟踪 5 年后发现：处于任何规模、任何行业、任何阶段的公司都可能实现高速增长。影响企业成长性最重要的因素是高管团队认知状态与战略选择的不同，而认知状态对战略选择起决定作用；普通公司通常基于传统逻辑，高成长公司的高管能发掘出价值创新的逻辑。价值创新逻辑与传统逻辑的主要区别在于战略方向不同：传统逻辑认为企业应该强调竞争优势，在竞争中取胜；创新逻辑则强调企业应在技术上追求领先战略主导行业发展。传统逻辑强调企业产品和服务价值最大化边际应在传统界线之内；而创新逻辑强调企业的传统界线完全可以打破，只要能满足顾客对产品和服务的要求。

相比较而言，中国学者对高管团队认知影响公司成长性因素的研究相对较晚，究其原因，在于中国市场化改革进展缓慢，影响公司成长性的外部干扰因素较多。顾斌、周立烨（2007）以 2002 年前在上证 A 股中实施股权激励的公司为样本，对消除行业影响因素后的高管股权激励效应实证研究发现：中国上市公司高管股权激励长期效应不明显。邢颖、周鸿武、陈彤（2007）以 323 家 1998 年前在上海交易所上市的非金融性公司 2001~2004 年数据为研究样本，分析得出公司长期债务融资比短期债务对公司收益增长的影响更大，且公司债务融资对公司成长有积极作用。范纪珍、邱昕（2008）以 21 家山西上市公司为研究对象，回归分析得出过高的财务杠杆会抑制公司成长。刘志辉、刘秀玲等人（2009）分析了中国主板市场 49 家（2000 年以前上市）信息技术公司 2001~2006 年的公司治理结构后发现：董事长与 CEO 是否两职合一、董事人数、法人持股比例与公司成长性正相关，但不显著；高管层持股、国有持股比例与成长性负相关，但不显著。陈晓红等（2007）探讨了管理层激励对中小上市公司成长性的影响，得出高管薪酬与成长性正相关。马跃如和段斌（2010）将国有与民营公司对比分析，实证得出民企高管薪酬与公司成长性正相关，国企中两者关系不显著。鲁小东（2011）实证得出普通员工薪酬与公司成长性正向相关，而高管薪酬与公司成长性呈倒 U 型关系。谢德仁等（2012）提出存在于董事网络中的社会资本包括声誉、信息和知识以及战略资源等都对公司成长有积极的促进作用。夏宁、董艳（2014）提出：在企业多元化经营、财务风险较小的情况下，增大高管团队薪酬差距有利于企业成长。

通过以上文献分析可以发现，西方学者对影响公司成长性的因素分析大多关注人力资本对公司成长性的推动作用。中国学者大多研究股权结构、资本结构、股权集中度或高管薪酬对公司成长性的影响，对上节提到的高管团队认知中高管团队核心理念、高管诚信等认知维度对公司成长性的影响研究相对缺乏，究其原因是由于股权结构、资本结构与股权集中度等数据相对容易获取，而高管团队核心理念与诚信等数据的获取较难。下面将根据中西方学者的研究文献，构建中国公司高管团队认知与公司成长性关系模型。

5.2.2　高管团队认知模型假设

上一节提取到高管团队认知表征包括高管团队创新意识、高管团队核心理念、高管诚信、资源整合能力、高管团队管理能力与高管团队关系构建能力六项。本节在前述理论基础上，提出高管团队认知对公司成长性发挥作用的假设条件，构建中国企业高管团队认知与公司成长性关系模型。

5.2.2.1　高管团队创新意识与公司成长性

20 世纪初期，西方学者 Solvay 和 Sanglier 研究发现，只有从企业内部出发才能塑造和维持企业的成长性。他们提出，公司成长是由经济周期变化导致短期需求波动和长期技术进步趋势决定的。其中公司能在多大程度上将投资转化为收益，是由经济需求的短期波动决定的；而公司潜在生产能力的提升，是由技术进步决定的。经济周期导致的短期需求波动会影响公司生产能力的充分发挥，继而影响公司未来产能的释放；而公司技术进步是由工作经验的积累和创新效果决定的。其中工作经验的积累包括企业所有员工长期生产能力的积累而导致的个人生产潜力的提升，而创新效果通常指企业研发费用投入所引起的生产能力的改善或提高。Solvay 和 Sanglier 还指出：企业文化对技术进步向生产能力的改善程度有重要影响。通过对企业的长期跟踪发现：学习和创新是提高公司发展潜力和生产能力的重要驱动因素。创新而引起的技术进步会挖掘出公司全体员工的生产潜力，使公司在既定条件下将创新带来的资金剩余转化到未来的生产能力上面，从而促进公司生产能力的提高。因此，本研究中高管团队创新意识用创新效果指标来衡量，即 R&D 投入所导致的生产能力的改善与提高，R&D 投入用研发强度（研发费用/主营业务收入）来衡量，生产能力的改善与提高用生产效率（主营业务收入/员工人数）来衡量，并提出如下命题：

命题 1a：研发强度对公司成长性有显著影响；

命题 1b：生产效率对公司成长性有显著影响。

5.2.2.2 高管团队核心理念与公司成长性

郑伯埙（1990）提出，企业核心理念是企业成员所共有的内化性规范信念，它引导并规范组织成员的行为。贲恩正等（2007）提出，价值观作为一种价值标准、价值取向和目标，为企业成员提供了走向共同目标的规范性意识，也为企业的日常行为提供了方向性指导，它规定了企业的行为选择和取向，从而决定了企业的发展方向。包立峰（2012）指出：企业像自然界中的其他生物一样是个生命体，也有其自身的生老病死。自然界中生命体的寿命由其固有的遗传基因所决定，而企业中唯一能传承下来的就是企业文化。企业文化作为企业的遗传基因，决定了企业能否基业长青。遗传基因不同的企业，其规模、效率、社会责任、市场表现和企业伦理也会不同，从而导致企业的生存价值、生命周期也不相同。经营成功的企业，虽然实现成功的路径不同，却会有相同的文化价值取向；反之，失败企业的原因虽不尽相同，但文化基因的欠缺却是共同症结。据美国 LAND 公司对破产企业所作的调查研究表明：85%的企业倒闭是由决策失误造成的，60%的倒闭是企业经营多元化导致的，而企业开展多元化的原因却是由于经营理念、文化观念和价值取向的缺失，导致企业为追求短期利益而铤而走险。林昭文、张同建（2014）以国有企业研发人员的样本数据为依据，实证检验了核心价值观认同、知识转化和成功智力之间的相关性，发现具有相同核心价值取向的研发人员对企业知识的转化有正向的促进作用，而知识转化又转而对成功智力有正向促进作用，从而为国有企业研发人员技术创造力的培育提供了一条新颖的途径。

美国学者吉姆·柯林斯在对十几家百年以上企业调查研究中发现：建立基业长青公司非常重要的一点是：有明确的核心理念并坚持遵守。领导会去世，产品会过时，市场会变化，新技术会出现，管理时尚来了又去，但一家成功企业的核心理念或指导方针却不会衰败。核心理念应该是企业真正相信的东西，来自高管团队的真实想法，是铭刻在骨子里的信念，不夸张、不修饰、完全真实。每一家基业长青公司都忠诚地遵守核心理念，核心理念的形成都完全遵从于内心的驱使，追求进步和遵循核心理念的驱动力会在公司的每个员工心里生根发芽，茁壮成长，进而驱动所有其他不属于核心理念的东西进步和改变。核心理念的作用好比强力胶和启明星，使公司在突变和演进时，能够精诚团结、上下一致、勇往直前。基于此，本研究提出如下命题：

命题 2：高管团队对核心理念的关注程度对公司成长性有显著影响。

本研究通过对上市公司核心价值观与使命的内容表述进行赋值，来确定高管团队对核心理念的关注程度。具体做法是聘请两位管理学博士和一位汉语言文学博士对上市公司核心理念的内容进行赋值，而上市公司核心理念（包括核心价值观、使命、愿景三部分）内容的提取全部来自上市公司对外网站信息，其中网站上没有公布核心价值观与使命内容的赋值为 0，部分上市公司虽然没有公布核心价值观等信息，但公司网页上会表达出类似于核心价值观的内容则赋值为 1，其余公布核心价值观与使命的公司按表述的内容分别赋值为 2、3、4，赋值举例见表 5-3，其中 A、B 两家公司核心价值观清晰明确，赋值为 4；C、D 两家公司赋值为 3；E、F 两家公司核心价值观可执行性较差，所以赋值为 2。中小企业板 2005 年前上市的 202 家企业核心理念表述及赋值见附录。

表 5-3　公司核心价值观赋值举例

公司	核心价值观与使命	赋值
A	航空报国、强军富民	4
B	创优秀企业、树京新品牌、为人类提供卓越的健康产品	4
C	远见卓识、改革创新、诚实敏行、锐意进取	3
D	坚守诚信、坚守底线、持续创新、追求卓越、合作共赢创造价值	3
E	给您机会、注重结果、按能分配、物有所值	2
F	德为本、华而实、木之展、业久存	2

5.2.2.3　高管团队诚信与公司成长性

2003 年，美国学者比尔·乔治（Bill George）出版了《诚信领导》一书，引起了学界对诚信领导的热烈讨论和广泛关注。该书以美国华尔街丑闻为题材，分析了诚信领导应具备的几种品质。比尔·乔治提出，相较于金钱、权力和名望而言，诚信的领导更希望赋予下属权力来为企业创造价值。诚信领导会以热情、坦率和仁慈为行事准则，并真诚地希望通过管理来为员工服务。他还指出，诚信领导要清楚自己的目标，建立稳固的人际关系，践行坚定的价值观，用心灵领导的同时表现出自律精神。对于诚信领导与组织绩效两者的关系，西方学者 Avolio（2004）构建了诚信领导与组织行为关系模型，实证得出诚信领导对工作绩效有正向影响。Avolio 还与 Walumbwa（2008）合作，以中、美、肯尼亚 3 国企业为样本，构建出诚信领导多维模型，实证得出诚信领导对员工工作态度和组织行为有正向显著影响，进而正向影响组织绩效。Suzanne 与 Walumbwa（2012）合作分析得出，当组织发生特定事件时，诚信领导对员工的心理和员工主动为企业服务的精神有积极促进作用，进而影响组织绩效。谢衡晓（2007）构建出了中国企业诚信领导模型并实证得出，诚信领导对员工之间的组织认同和利他行为有正向显著影响。张爽和乔坤（2006）、李超平（2006），对组织忠诚与遵从、领导行为与员工的自我进步、乐于助人等行为之间的关系进行了分析，验证得出领导行为对员工自我进步、乐于助人等行为之间有正向显著影响。随着对高管诚信研究的不断升温，国内学者对高管诚信对组织绩效的作用机制也展开了研究，王雅琼（2012）指出，诚信高管能够开诚布公地向企业提供满足员工心理需求的信息，使员工愿意为企业着想、为企业服务，通过员工与企业间心理契约的达成，给企业带来更高绩效，从而促进企业的长远发展。李永鑫等（2014）通过对中国企业 308 名员工调查分析得出，诚信领导对员工的工作投入具有积极促进作用；其中组织支持感、情感承诺和员工的职业认同在诚信高管对员工工作投入发生作用时起完全中介作用。杜鹏程（2014）等基于蚌埠市公路管理局中的 160 名中层管理人员为调查对象，分析领导成员交换关系是否影响员工关联绩效，分析得出能够以诚相待的领导对员工的关系绩效有积极促进作用[155]。张欧（2015）基于扎根理论，实证检验了诚信领导各维度对员工关联绩效中的帮助同事、自我管理、组织认同和公共意识四个维度有正向显著影响。基于以上文献，本研究提出：

命题 3：高管团队诚信对公司成长性有显著影响。

为了客观地反映高管团队诚信状况，对于高管团队诚信指标，本研究选取中小企业板公司从上市以来近十年是否有违法违规事件来衡量。具体做法是：聘请一位法律专家对上市公司违法违规事件进行赋值，无任何违规违法事件赋值为 0，根据事件性质划分，轻度违规事件赋值为 1，中度违规事件赋值为 2，严重违规违法事件赋值为 3，值越大则高管诚信水平越低。高管违规赋值依据见表 5-4。

表 5-4　高管团队违规赋值依据

0	1	2	3
上市公司无违法违规行为	违规买卖股票、业绩预测不准、使用有错误的人或受到中国证监会公开批评等	违规行为受到处罚、对环境造成污染或违规 2 次等行为	违规 2 次以上、有违法行为、公司有严重造假行为等

5.2.2.4　高管团队资源整合能力与公司成长性

企业发展历程表明：当企业渡过培育期进入成长期之后，企业面临的发展机会增加，创业的成功会使企业经营者和员工队伍冲昏头脑，积累起来的利润也会使企业具备了一定的扩张实力。这一切都会诱发企业的盲目扩张行为。他们误以为原有的成功经验可以在其他行业中复制，于是进入多个行业领域，甚至包括自己不熟悉的非关联领域。这样的企业在任一个领域都有可能不具备战略优势，会面对更多的竞争对手，从而顾此失彼，穷于应付。基于此，企业成长能力理论认为，“企业资源能否有效利用”是决定企业持续成长的关键和保障。企业竞争优势理论认为，资源、知识和能力是竞争优势的决定要素，是其他企业或组织难以交换或模仿的。由于每家企业的资源、知识和能力积累不同，因而其竞争优势也不相同，因此，企业成长是内生的，企业成长性差异是由企业高管的资源整合与重构能力决定的。

Sirmon（2007）提出了资源管理的定义，所谓资源管理，就是企业为了满足所有者及客户创造或维系价值的目的，重构企业资源组合，以提高组织能力的完整过程。Sirmon 的资源管理理论弥补了前人对资源基础观研究的不足（前人的资源观往往忽视资源配置动态性、管理者作用以及环境的权变效应），对于企业实现在竞争环境中保持优势具有重要作用。Sirmon（2008）又进一步在资源基础观基础上提出资源配置灵活性概念。资源配置灵活性是指企业能够将资源配置到不同组织环境中的特性，并提出较高的资源配置灵活性意味着某项资源能够高效率地重新配置到组织中的不同应用领域，而较低的资源配置灵活性则意味着资源的配置效率较低。

本研究将高管团队资源整合能力，定义为高管团队通过对企业基础资源的整合与重构来满足不断变化的外部环境的过程，而基础资源的整合与重构是通过基础资源配置的多样性和资源配置的变化来实现的。大多数企业与生产经营有关的最大支出为资本支出和销售费用支出。本研究采用资本密度（购买固定及无形资产支出/主营业务收入）、营销强度（销售费用/主营业务收入）在研究周期内的变化情况作为衡量资源配置变化的指标，对于基础资源配置多样性采用资本密度的变异系数（资本密度标准差/平均值）进行测量，从其公式可以看出变异系数较高则资源配置多样性较低。提出如下命题：

命题 4a：资源整合能力中的资本密度对公司成长性有显著影响；

命题 4b：资源整合能力中的营销强度对公司成长性有显著影响；

命题 4c：资源整合能力中的资源配置多样性对公司成长性有显著影响。

5.2.2.5 高管团队管理能力与公司成长性

现代企业成长理论认为，企业家的核心作用是把握经济变化趋势、制定组织成长战略、开发员工创造力、开拓现有市场并创造新需求等方面。在影响企业成长的各因素中，企业家综合素质、管理能力和凝聚力是企业成长的关键因素。公司成长性评价的重点不是资产，而是人。

现代企业成长理论奠基人潘诺斯在其著作《企业成长理论》一书中，对决定企业成长性的因素进行了深入系统的研究，得出了一个企业资源促进企业能力提高从而促进企业成长的分析框架。潘诺斯提出，企业是被限定边界的资源集合，而边界是由企业管理者的行政构架协调所决定的。所以，管理能力是最重要的企业能力，它决定了企业的成长速度、边界和方向，人们把管理能力对企业成长的关键性约束作用称为“潘诺斯效应”。潘诺斯非常重视高管团队作业的经验积累，认为团队经验积累是企业内部协调合作的基础，经历过时间考验而成的管理团队是企业最具价值的资源之一，对企业成长性起决定作用。

美国学者 Winter 指出，“组织管理能力是指公司通过一系列手段或方式将投入转化为产出的一种高阶惯例或惯例集”。企业高管团队必须能够将团队成员的个人能力通过一定的整合重构转化为组织能力，形成新的组织能力组合，以达到 1+1>2 的效果。企业高层管理者处于管理与变革的核心地位，只有具备与组织目标和岗位要求相匹配的组织管理能力，才能提升管理效率，实现组织的长远目标。本研究以管理强度（管理费用/主营业务收入）作为衡量高管团队管理能力的指标，提出命题如下：

命题 5：高管团队管理强度对公司成长性有显著影响。

5.2.2.6 高管团队关系构建能力与公司成长性

经济学家 Marshall 认为，企业家有两种功能：首先是作为生产的组织者，能够预测和判断生产和消费趋向、甘愿冒经营风险、掌握相关行业生产技能的能力；其次是作为领导者，必须能知人善用、建立员工对他的信任、启发员工的创造力、全面掌握与构建企业内外部关系的能力。关系构建是高管团队成员具备的社会属性变量，高管个人通常嵌入在组织或更广大的社会关系之中，其认知过程一方面体现为从个体认知到集体认知的扩散过程，另一方面体现为其受到多种内外因素影响的竞争与冲突的社会互动过程。Sesilt 等（2000）和 Frye（2001）研究发现，能给员工提供较多的报酬和股权激励的公司通常具有更好的成长性。董玉芳、曹威麟（2006）从行为科学的角度讨论了管理者沟通能力对提高企业绩效的重要性，认为沟通交往是企业重要的管理工作之一，其方式和方法通常体现在沟通模式上，并通过企业管理沟通的效率和效果体现出来。陈晓红、李玉环和曾江洪（2007）以 1998~2002 年在沪深主板上市的中小型公司为样本，以 2002~2005 年的面板数据为依据，采用多元回归分析法检验了高管激励与公司成长之间的关系。研究显示，公司成长性与管理层年薪报酬呈显著正相关，与高管持股比例呈显著的 U 形关系。顾斌、周立烨（2007）以 2002 年前上海市场实施股权激励的上市公司为样本，对消除行业影响后的公司高管股权激励效应进行实证研究。研究显示，中国上市公司高管股权激励的长期效应不显著。秦伟平（2016）提出，员工必然从无自我决定动机向自我决定动机发展，但是外部动机的内化过程并不会必然发生，外部环境对其有促进作用。当外部激励满足于员工需要时，能够诱发员工感知到领导对他们的情感性支持而努力工作。

管理者的关系构建主要包括管理者之间的关系、管理者与股东的关系和管理者与社会的关系。其中管理者之间和管理者与股东的关系是高管团队最重要的关系构建能力，它决定了管理者与社会间关系构建的质量高低。因此，这里只研究高管团队之间和高管团队与股东之间的关系。高管团队之间的关系用管理层激励方式来测度，中小企业板上市公司管理层激励主要有股权激励与期权激励两种方式。高管团队与股东之间的关系用现金分红比例来测度。分红方式有股票股利和现金股利。由于股票股利只是使公司所有权结构发生了改变，没有使股东权益增加，因此笔者只研究现金分红。根据前述文献分析，提出命题如下：

命题 6a：高管团队股权激励对公司成长性有正向显著影响；

命题 6b：高管团队期权激励对公司成长性有正向显著影响；

命题 6c：高管团队现金分红对公司成长性有正向显著影响。

将上述高管团队认知表征测度变量与计算依据总结如表 5-5 所示。

表 5-5 高管团队认知表征赋值依据

高管团队认知表征	高管团队认知测度变量	各变量计算依据
创新意识	研发强度	研发费用/主营业务收入
	生产效率	主营业务收入/员工人数
核心理念	核心理念的提出与执行情况	0、1、2、3 四个等级
高管团队诚信	近十一年是否有违法违规行为	0、1、2、3 四个等级
高管团队资源整合能力	资本密度	购买固定及无形资产支出/主营业务收入
	营销强度	销售费用/主营业务收入
	资源配置多样性（资本密度的变异系数）	资本密度标准差/平均值

续表 5-5

高管团队认知表征	高管团队认知测度变量	各变量计算依据
组织管理能力	管理强度	管理费用/主营业务收入
关系构建能力	股权激励 期权激励 现金分红	近十年股权激励总额 近十年期权激励总额 近十年现金分红比例

资料来源：笔者整理。

5.3　高管团队认知对公司成长性作用机理

5.3.1　研究变量描述

同第 3 章相对应，本章对公司高管团队认知的样本选取仍然是中国中小企业板 2004~2005 年上市的 202 家公司为样本。研究所用财务数据信息全部来自万德咨询提供的上市公司年报，高管团队诚信信息来自万德咨询提供的上市公司违法违规信息，而上市公司核心理念信息来源于上市公司自身网页。

5.3.1.1　自变量描述性统计

如前所述，高管团队认知由创新意识、核心理念、高管诚信、资源整合能力、组织管理能力和关系构建能力六大项 11 小项指标构成。由于管理者的经营决策及战略选择一般要在执行一个或几个会计周期之后才能看到效果，因此对于研发强度（研发费用/主营业务收入）及资本密度（购买固定和无形资产支出/主营业务收入）这两个指标，本研究数据收集的时间范围相对于公司绩效综合指标滞后一年。

自变量描述性统计见表 5-6。

表 5-6　自变量描述性统计

自变量	N	极小值	极大值	均值	标准差
研发强度	2019	0.0000000	0.2587378	0.02469316	0.031218196
生产效率	1968	0.0000000	1.635015	98.920178	160.084747
核心理念	2020	0	4	1.92	1.431
高管诚信	2020	0	3	0.56	0.975
资本密度	2019	0.0000000	2.452378	0.14479507	0.176120300
营销强度	2019	0.0000000	0.8826360	0.06226045	0.069231838
资源配置多样性	2020	-1.0000	5.4411	0.000365	0.7701027
管理强度	2019	0.0050932	2.210893	0.09215597	0.080926981
股权激励	2020	0	11.07	0.5718	1.57683
期权激励	2020	0	12	0.97	2.179
现金分红比例	2020	0	453.62	30.2827	39.26509

表 5-6 中 202 家上市公司十年的财务指标，数据总量应该是 2020 个，因部分上市公司有个别数据缺失，因此部分指标数据量少于 2020 个，但缺失值数据占比很少，因此并不影响结论的准确性。

在上述 11 项自变量指标中，只有上市公司核心理念与高管诚信是类别变量，其余均为实值变量。实值变量是短面板数据，每个变量包括 2006~2015 十年的不同值，而上市公司核心理念是根据公司近十年来核心理念的提出及执行情况赋一个值（0、1、2、3、5 五个等级），公司高管诚信也是依据上市公司近十年是否有违法违规行为赋一个值（0、1、2、3 四个等级）。为了清晰地展示上市公司核心理念与高管诚信状况，研究对两个虚拟变量以条形图的形式分别阐述。图 5-2为中小企业板上市公司核心理念提出与执行情况图，等级为 0 的公司是没有提出任何核心理念的公司，等级为 4 的公司是提出鼓舞人心的核心理念且核心理念容易落实的公司。从图 5-2 中可以看出：有超过 30%的样本公司未提出任何理念；超过 25%的公司虽然有一些核心理念，但核心理念的可执行性较差（等级为 1 和 2 的公司）；只有近 40%的公司核心理念的提出与执行情况良好（等级为 2 和 3 的公司）。

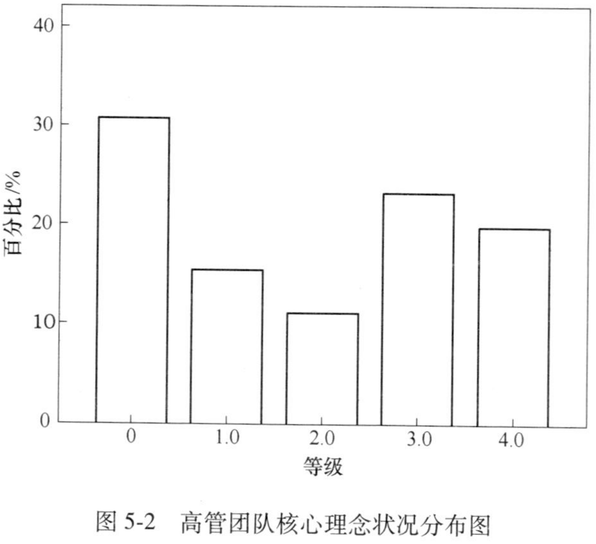

图 5-2　高管团队核心理念状况分布图

图 5-3 为高管团队诚信状况条形图。尽管“诚信”一词由来已久，但是中国学者对于高管诚信的研究仍处于起步阶段。美国安然公司造假丑闻发生以后，西方学者对高管诚信问题进行了反思，此后高管诚信问题得到了理论与实务界的广泛关注。对于经济增速放缓的中国社会，也出现了大量不诚信现象。领导者说假话、领导之间互相猜忌、员工对领导缺乏信任的情况时有发生。中国内地富豪榜曾对 100 名顶级企业家进行了问卷调查，结果显示：中国的企业家们认为诚实守

信是企业家应具备的首要品质。图 5-3 中，0 为诚信等级最高，3 为诚信等级最低。从图中可以看出：超过 60%的上市公司高管能够遵纪守法、诚实守信，但仍然有超过 30%的公司高管出现不同程度的违法违规行为。笔者对 202 家样本公司高管失信状况进行统计分析后得出：总失信企业占比达 31.19%，其中轻微失信占比达 16.8%；中等失信占比 3.9%；严重失信占比达 10.49%。由此可见，中国上市公司违法违规比例仍然较高。

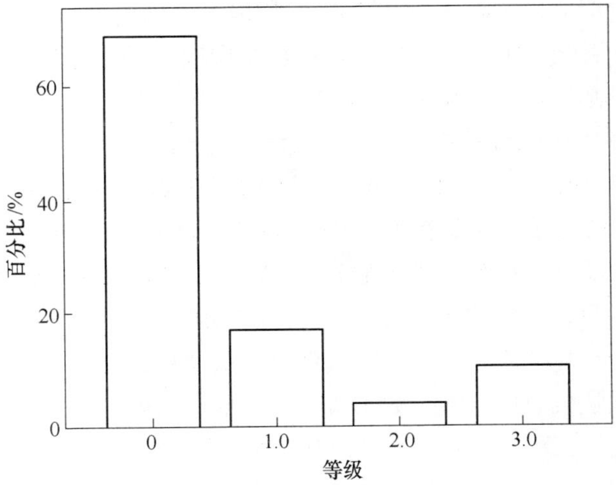

图 5-3 高管诚信状况分布图

中国企业高管失信现象较严重，究其原因是由于中国的法律法规不健全，高管的失信成本较低。由于失信企业没有受到严厉惩罚，就会使守信企业的守信成本增加，从而使更多的企业尝试获取失信“收益”。因此，国家应建立健全法律体系，对失信现象严惩不贷，让失信人付出巨大的失信成本，才能从根本上减少失信现象的发生。

高管团队作为企业战略决策的制定人和执行者，其自身素质的高低决定着企业的兴衰成败，影响着社会生活的发展方向。身为企业高层管理者，一定要讲道德、讲诚信，否则公司经营就会走到邪路上去。中外学者的研究表明：不讲诚信的企业是不可能永续长存、基业长青的。中国企业家作为中国经济发展最有力的推动者，必须要诚实、守信，童叟无欺，只有这样，中华民族才有希望，中国经济才会更加具有生机和活力。

5.3.1.2 因变量描述

研究因变量是上市公司成长性，在第 3 章中已经利用因子分析法求出上市公司成长性计算公式如下：

$$\text{公司成长性}(Y) = 0.5261 \times \text{ROA} + 0.2158 \times \text{ROIC} + 0.0976 \times \text{EPS}$$

下面将对中国中小企业板上市公司高管团队认知与公司成长性关系进行实证分析。

5.3.2 数据处理方法选取

由高管团队认知变量描述中可知，研发强度、生产效率、资本密度、营销强度和管理强度指标是时间序列数据，而高管诚信与核心理念的数据是截面数据。当自变量既包含时间序列数据又包含截面数据时，国内学者大多选用 State 数据分析软件中的面板数据回归分析法。面板数据回归分析法通常有三种形式：一种称为混合估计模型（Pooled Regression Model），当样本从时间上看，不同个体之间无显著性差异；从截面来看，不同截面之间也无显著性差异时，就可以将面板数据直接混合在一起，用普通最小二乘法估计参数，也称为最小二乘法估计（OLS）；另一种称为固定效应模型（Fixed Effects Regression Model），即对于不同时间序列或不同截面的样本，模型的截距不同，则可以在模型中添加虚拟变量的方法估计回归参数；若固定效应模型中的截距项既包含时间随机误差项又包含截面随机误差项的平均效应，且两个随机误差项服从正态分布，那么固定效应模型就变成了第三种随机效应模型。为了得到适合样本数据信息且具有较强解释力的模型，需要对上述三种方法进行对比分析。对于混合模型与固定效应模型之间的选择，经常采用 F 检验；对于随机效应模型与固定效应模型之间的选择，通常采用 Hausman 检验。

本研究采用 Stata 12.0 软件对数据进行相关检验与分析，以挑选出最佳模型估计方法。首先，对固定效应模型与混合 OLS 模型进行 Wald F 检验，结果发现：检验原假设被拒绝：F 值 = 7.14，prob>F = 0.0000；使用固定效应模型好于混合 OLS 模型。其次运用 Breusch-Pagan LM 检验（拉格朗日乘子检验）检验随机效应模型和混合 OLS 模型的差异，结果发现：随机效应模型也优于混合 OLS 模型：chi2(1) = 86.17，prob>chi2 = 0.0000。最后运用 Hausman 检验固定效应模型和随机效应模型的优劣，结果发现：prob>chi2 = 0.2258，即固定效应模型劣于随机效应模型。因此，本研究选择随机效应模型进行面板数据分析。

5.3.3 高管团队认知与公司成长性实证分析

研究自变量选取时间跨度 T 为十年，上市公司家数 N 为 202，即时间维度 T 相对于截面数 N 较小，为“短面板”数据，即每个个体的信息较少。在作统计分析时，一般假定“短面板”数据个体间独立同分布，即无须对数据进行共线性检验。

研究采用 STATE12 统计分析软件进行面板数据分析，结果见表 5-7。

表 5-7 面板数据随机效应分析结果

因变量 Y	Coef.	Std. Err.	z	$P>\|z\|$
研发强度	14.91475***	4.535532	3.29	0.001
生产效率	0.0023742**	0.0012367	1.92	0.049
核心理念	0.3764113**	0.193022	1.95	0.049
高管违规	−0.8502257***	0.3039495	−2.80	0.005
资本密度	0.7193458	0.7653122	0.94	0.347
营销强度	−8.53643***	3.217549	−2.65	0.008
资源配置多样性	−0.3535868	0.1776631	−1.99	0.47
管理强度	−14.63268***	2.207335	−6.63	0.000
股权激励	0.2164248	0.1321057	1.64	0.101
期权激励	0.2723458***	0.1035333	2.63	0.009
现金分红	0.0174476*	0.0099775	1.75	0.080
_cons	5.793497***	0.4779005	12.12	0.000

注：*、**、***分别表示显著性水平为10%、5%、1%。

根据上述模型的估计结果可以看出：在高管团队认知表征六大项11小项指标中，有7个小项指标 $P>|z|$ 的值满足置信度大于90%的假设；有4个小项指标（分别是资本密度、资源配置多样性、股权激励和现金分红比例）不满足置信度大于90%的假设，即原命题4a、4c、6a、6c不成立。其中，高管团队创新意识指标中的研发强度与公司成长性之间呈正向显著影响，命题1a成立，说明研发支出占主营业务收入比例越高的公司成长性也越好；企业生产效率与公司成长性呈正向显著影响，命题1b成立。高管团队对核心理念的重视程度与公司成长性有正向显著影响，命题2成立，说明核心理念具有凝聚人心和指引方向的重要作用；企业是否拥有一个美好的理念，是企业能否从优秀走向卓越的重中之重。高管团队违规程度对公司绩效有显著负向影响，命题3成立，说明成长性越差的公司高管越容易产生违规动机，即高管越诚信公司成长性越好。高管团队资源配置能力中的营销强度与公司绩效呈负向显著影响，命题4b成立，说明营销支出占主营业务收入比例越高的企业其成长性反而越差，即过多的销售费用支出没有促进营业收入的提高只是带来了成本费用的增加。高管团队管理强度与公司成长性呈负向显著影响，命题5成立，说明管理费用支出占主营业务收入比例越高的企业其成长性反而越差，即管理效率越低的企业其成长性越差。高管团队期权激励与公司成长性呈正向显著影响，命题6b成立，即期权激励比例越高的公司成长性越好。

5.4 本章小结

通过以上研究结果可以看出，中小板上市公司促进公司成长性最有效的途径是提升高管团队的创新意识，通过核心理念的引领作用提升组织的凝聚力，增强高管团队的诚信水平，提升生产效率，提高高管团队的营销效率和管理效率，对高管团队实施期权激励来促进公司绩效的增长。很多人说，企业家是野生的，这涉及个人的性格因素，无法在商学院的教室里批量培养。但是高管团队认知是可以改进的，可以在长期的交流和互动中逐步潜移默化，通过学习和熏陶而获得。一个优秀的企业必然是一个先进的商业思想库。企业的思想力主要通过高管团队认知体现出来，很多国内企业与国际一流企业的差距主要体现在高管团队认知的差距上。企业高管团队需要将先进的思想力通过精炼的、简单的语言表述出来，让企业内的每一个员工能够理解，并且对未来产生共识。一个基业长青的企业必然是有共识的，一个组织有共识，才有未来。

第6章　高管团队客观特征对公司成长性的影响

美国学者Ham brick和Mason将高管团队特征分成两种，一种是客观特征，包括管理者任期，高管团队平均年龄、教育背景、持股比例，董事长与总经理是否两职合一等；另一种是心理特征包括高管团队思维、认知、价值取向等。本章将对中国上市公司高管团队客观特征与公司成长性之间的关系展开讨论。

6.1　高管团队客观特征研究综述

最初对高管团队进行的研究多从客观特征展开。Ham brick，Mason（1984）提出，高管团队任期对成员间的认知基础、创造力有重要影响，从而影响企业的战略选择。任期较长的成员间沟通交流成本低，容易建立知识与信息共享机制（Zenger和Lawrence，1989），促进团队凝聚力的提升。任期越长的团队成员越容易理解组织政策和程序，越不愿意改变已有团队行为模式。Bantel等（1989）在对美国银行业进行调研后得出，平均学历高的高管团队倾向于采取重要的长期发展战略。Ginsberg A（1990）提出，高管团队的平均教育水平与团队认知复杂水平正相关，具有高认知复杂度的高管团队能够在复杂经济环境下准确定位，快速找到适合本企业的运行模式，也更容易发生战略变革。Gannon和Smith等（1991）提出，若管理者的职业生涯都是在一个组织中完成，则其对新事物的见解有限；某一行业越专业的管理者其信息搜索的范围越窄，越倾向于采用已有的流程和规则进行决策。而Hambrick，Mason（1984）则认为，管理者的职业生涯经验是其偏好、认知的一部分，对管理效率及战略选择有重要影响。当企业所有高管成员均为内部提拔时，在企业面对违反常规的事件、竞争和技术突变时，易导致决策失误。Wiersema & Bird（1993）基于美国企业高管团队特征进行分析后发现：企业的高辞职率及低绩效一般是由高管团队客观特征高异质性引起。团队成员在背景特征上的异质性对公司投资回报率和绩效会产生负面影响。Cho等（1994）提出平均学历越高的高管团队其战略行动的可预见性也越高，在遇到激烈竞争时反应更迅速。但Flood和Fong（1997）却指出，平均学历低的高管团队开发新产品的速度更快，原因是受教育程度越高团队内产生的无效分析越多，越倾向于规避风险，行动越保守。Boone（2004）等人认为，团队成员人口特征异质性，对于提高决策水平、实施扩张战略进而提升企业绩效有积极影响。

近年来，随着领导理论研究的兴起，越来越多的中国学者也开始进行高管团队客观特征的研究。朱武祥、宋勇（2001）通过对沪深家电行业上市公司的实证分析发现：公司价值与股权集中度之间无显著相关关系，与股权构成也无关。而徐晓东、陈小悦（2003）分析得出：公司所有权性质不同对公司业绩、治理效力和股权结构的影响也不相同；民营企业有较高企业价值和治理效力，盈利能力也更高。早期对于产权性质与企业经营效率的研究，大部分得出“国有企业经营效率最低”的结论。其原因在于国有企业中存在着“委托-代理”关系，即国有企业产权非人格化，必然存在委托-代理及预算软约束等问题。国企的理性经理人必然会选择能带来短期收益、能显示短期政绩的投资项目。由于创新具有不确定性、风险性、长期性和人力资本密集型的特征，国企经理人必然缺乏创新动力。相反，由于私营企业不存在“委托-代理”问题，因此创新动力较强。还有的学者认为，创新效果具有很大的外部经济性、知识的不完全独占性等特征，会导致知识生产不足的市场失灵，而国有企业可以通过政府或自身的直接干预缓解市场失灵的发生。因此，虽然民营企业的劳动生产率较国企高，但是科研创新资源却大部分为国企所有，技术附加值高的产品仍然多由国企生产，民营企业更多的是生产技术附加值低但资本密集型的产品。伍莹（2008）在考察了国企、民营和外企高管团队构成后发现：男性比例与性别异质性对民企高管合作水平有正向影响；受教育水平、男性比例与教育异质性对外企高管合作水平有负向影响。姚振华和孙海法（2010）按照 Hambrick 的思路分析团队客观特征与企业行为整合的关系，研究发现：团队规模与高管行为整合显著负相关；高管团队学历异质性、海外学习时间异质性、任期异质性、入职方式异质性和工作经历异质性都负向影响行为整合。李维安（2010）则提出，若第一大股东持股比例超过 40%，即处于绝对控股地位，会积极主动把公司经营好，发生挖空上市公司行为的可能性不大；若第一大股东持股比例较低，则会倾向于通过内部交易、借款、担保贷款等方式获取超额利益，从而影响组织绩效。上述学者从不同角度对高管个人或高管团队的客观特征与企业绩效的关系进行了分析，得出了不同的研究结论。本书在前人研究的基础上，对中小企业板高管特征与企业成长性的关系进行讨论。

6.2　高管团队客观特征实证分析

6.2.1　高管团队客观特征研究假设

前述学者从不同角度对高管团队的客观特征与企业经营之间的关系进行了实证分析，所选取的客观特征包括：高管团队平均年龄、高管性别比例、企业所有制、高管团队持股比例、高管团队平均学历等。本研究根据数据获取的难易程度，分别选取上市公司第一大股东持股比例、企业所有权性质、董事长与总经理是否两职合一、董事长年龄、董事长性别为自变量，分析其与公司成长性之间的关系。根据前人研究结论，本书提出命题如下：

命题 7： 第一大股东持股比例对公司成长性有显著影响；

命题 8： 企业所有权性质对公司成长性有显著影响；

命题 9： 董事长与总经理两职合一对公司成长性有显著影响；

命题 10： 董事长年龄对公司成长性有显著影响；

命题 11： 董事长性别对公司成长性有显著影响。

6.2.2 高管团队客观特征自变量描述性统计

研究同样选取中小企业板 2005 年前上市的 202 家企业为样本，研究所用自变量与因变量数据全部来自于 WIND 资讯信息。自变量数据中，上市公司第一大股东持股比例为 2015 年底上市公司第一大股东持股比例的时点值；上市公司所有权性质为虚拟变量，其中国有控股公司所有权赋值为 1，民营控股公司所有权赋值为 2；上市公司中董事长与总经理两职合一为虚拟变量，若公司董事长与总经理为同一个人则赋值为 1，若董事长与总经理为两人担任则赋值为 2；高管年龄为上市公司董事长实际出生年份；高管性别也是虚拟变量，其中董事长性别为男性赋值为 1，董事长性别为女性赋值为 2。采用 State13.0 统计分析软件对自变量描述性统计分析见表 6-1。

表 6-1 自变量描述性统计

项 目	N	极小值	极大值	均值	标准差	峰度	
	统计量	统计量	统计量	统计量	统计量	统计量	标准误差
第一大股东持股比例	2020	9.27	73.13	30.7921	13.76604	−0.026	0.109
公司所有权性质	2020	1	2	1.35	0.478	−1.614	0.109
两职合一	2020	1	2	1.73	0.445	−0.953	0.109
高管性别	2020	1	2	1.04	0.195	20.345	0.109
高管年龄	2020	0	82	61.86	10.619	14.697	0.109
有效的 N(列表状态)	2020						

为了直观地展示中国中小企业板上市公司高管团队客观特征，在对上述自变量数据进行描述性统计之外，研究将以图形的形式对 5 个自变量进行分析描述。上市公司第一大股东持股比例直方图如图 6-1 所示。

直方图横轴表示第一大股东持股比例，纵轴表示频率，即相同持股比例的股东所占总数的比率。从直方图中可以看出，上市公司第一大股东持股比例在 15%~75%之间，持股比例占 43%以下的公司为总样本数的 80%以上，有三家公司第一大股东持股达到 65%以上。从以上图形可以看出，中小企业板上市公司股权集中度较高。而股权集中度高的优势在于大股东控制公司运营能力较强，公司的重大经营决策容易制订和执行，缺点是容易产生大股东侵害小股东利益的委托代理问题。

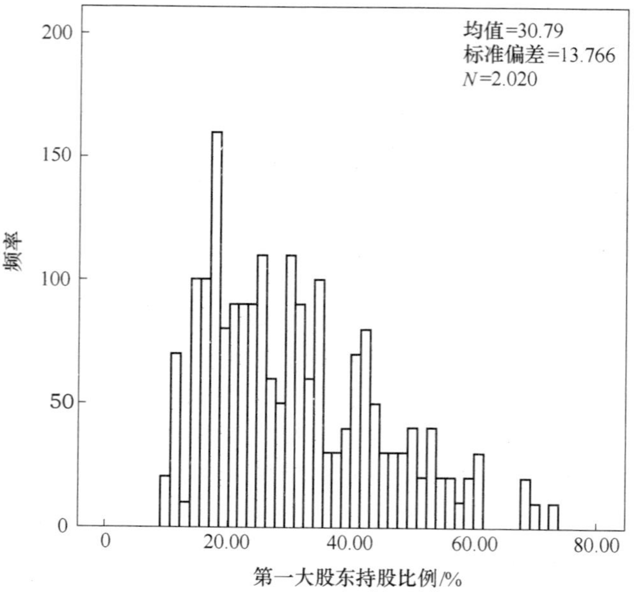

图 6-1　第一大股东持股比例分布图

自变量中，上市公司董事长与总经理是否两职合一分布饼图如图 6-2 所示。公司是否两职合一作为虚拟变量，它只能是时点指标。本书选取的是 2015 年年底中小企业板公司董事长与总经理是否两职合一。通过图 6-2 可以看出：202 家中小企业板上市公司中，董事长与总经理两职合一的企业占比略超 25%，其余为董事长与总经理由两人担任。

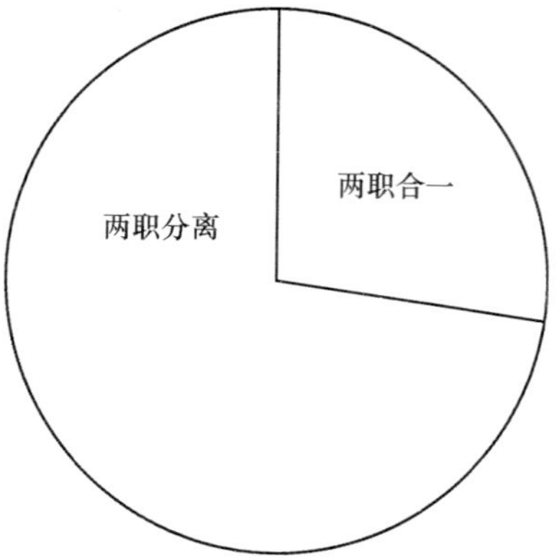

图 6-2　高管两职合一状况分布图

公司实际控制人两职合一，能够增强其权力；当实际控制人未在上市公司担任高管职务时，其委托代理人（总经理或董事长）就代表了实际控制人的利益，两职合一的权力结构会增强代理人的权力。当公司董事长与总经理分别由两人担任时，高管权力更易受到监督与制衡，但两名高管的薪酬支出会使公司的成本费用增加。学者 Heidrick 和 Struggles 对世界 1000 强企业中排名前 300 的非工业公司高管权力配置进行调查后发现：实施两职分离的企业比例逐年递增，这一趋势在一定程度上说明两职分离对企业绩效有正向影响。中国学者曾对上市公司进行调研后发现，在 2005~2014 年间，第一大股东控制权大于 30%的民营上市公司中，有超过60%的公司是两职合一的领导权结构，并且有约76.2%的民营企业是实际控制人担任董事长兼总经理。由此可见，中国上市民营公司股权集中度较高，实际控制人直接参与公司经营决策的意愿较强。但在2014年之后，越来越多的公司实行董事长与总经理两职分离的权力结构，本研究也显示出中国上市公司两职分设的发展趋势。

中小企业板上市公司所有权性质分布饼图如图6-3所示，由图可以看出：在2005年前在中小板上市的企业中，只有约25%为国有控股，约75%为民营企业。

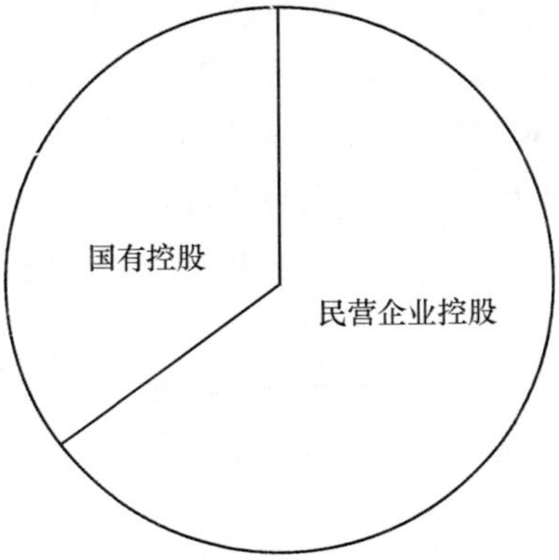

图6-3 公司所有权性质分布图

Peng等在对中国不同所有制企业进行分析后发现：企业所有制不同导致管理者对事物的见解各异，从而造成管理者认知存在差异。国有控股企业中，员工更加敬重领导、尊重权威，更多倡导为集体利益牺牲自我。而在民营企业中，高管被看做企业的象征，领导主导着企业的发展，企业经营容易受传统家族文化及行为模式的影响。中国中小板推出的目的，就是为了安排成长性好、科技含量较高且规模较小的民营企业上市。从本研究的样本中可以看出，2005年前，更多的中小民营企业在中小板上市，中小民营企业是中国经济最有活力的群体，也是促进中国经济发展的中坚力量。中小民营企业在促进区域城乡协调发展，增加人民收入及扩展就业渠道等方面发挥着重要作用。中小上市民企的增加，既为民营创业资本退出提供了场所，也为优秀民营企业筹集了更多创业资金。

高阶理论提出，CEO年龄是影响其决策质量的一个重要因素，年长CEO的风险厌恶会对两职分离产生直接影响。吴淑琨（2001）对1999年前上市的公司治理结构数据进行实证分析后发现：董事长年龄与两职合一状态呈显著负相关，即董事长年龄越大，公司越倾向于采取两职分离的领导结构；同时发现，越年轻的高管，在公司经营绩效下滑时越容易被更换。美国学者Prendergast和Stole提出：年轻的高管喜欢展示个人魅力，经常过高评价私有信息而轻视公共信息，在企业投资决策中容易表现出盲目自信。而年长的高管更容易附和历史经验和行业标准，不轻易偏离常规从而破坏以往积累的名望和声誉，企业的投资决策也偏保守；随着年龄的增加，年长的高管认知能力也会下降，知识老化，变通能力较差，在企业面对竞争与挑战时，可能会畏首畏尾。学者Fabio（2014）依据高阶理论与进化论思想，提出CEO的利益目标随着年龄的变化而变化，CEO任期越长，其地位和权力已经固化，容易产生个人目标与公司目标相背离。因此，应增强对任期较长及年长 CEO 的监督管理。

本研究高管年龄分布如图 6-4 所示，图中有一家公司高管年龄为缺失值，图形显示出是 0；其余高管年龄为出生年份。从图可以看出，中国上市公司中 80% 以上的高管为 1958~1972 年出生，1958 年以前和 1972 年以后出生任高管的人数相比较少，即大多数高管为中年（45~58 岁）。这样的年龄分布既能避免年长高管的思想僵化保守，同时也不容易出现年轻高管的盲目投资行为。图中 1941~1950 年出生的高管较少，说明中国企业较少聘用年长者做公司董事长；1976~1982 年出生的高管也相对较少，表明聘请年轻人做公司最高领导的企业也相对较少，仅有的几家 40 岁以下年轻人任董事长的企业，也多为家庭企业。

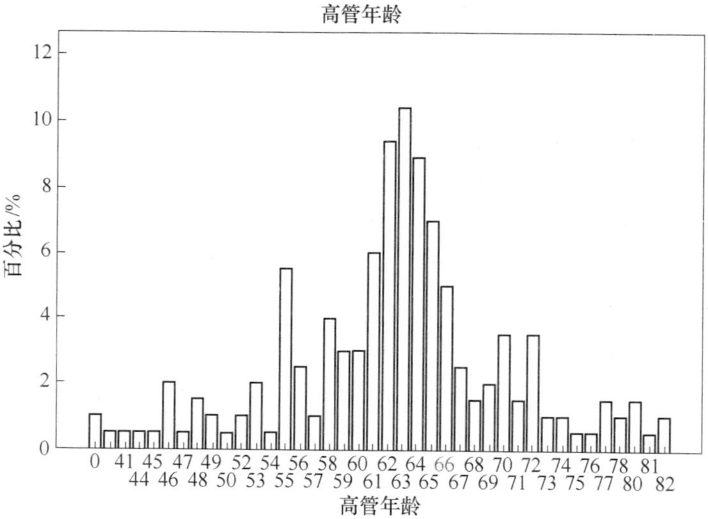

图 6-4　高管年龄分布图

社会心理学和管理学学者们曾经对不同性别高管存在的行为差异进行分析，研究指出：在企业战略决策的制定和执行过程中，高管性别不同，决策行为和执行效果也不尽相同。其中，郭敏华发现，在进行投资交易过程中，男性比女性更为积极主动，风险偏好也更强。学者 Peng 和 Wei 认为，男性比女性在经营管理过程中表现得更加自信；企业在进行投资决策时，男性高管比女性高管需要更多的现金流量。美国学者 Jurkus、Park 等人在对不同性别高管在企业中代理成本高低进行实证分析后发现：高管性别差异所需企业代理成本也存在差异，男性高管所占比例越大，发生的代理成本越高。这种关系在市场竞争激烈、外部治理缺失时，会表现得更为突出。同时，代理成本高的企业，其规模扩张的倾向性越强，企业扩张活动越活跃。企业在面对投资决策时，男性高管与女性高管对风险的感知不同，采用的决策也不相同，男性高管更具富有冒险精神，容易采取更加激进的创新创业行动力。本研究对最早上市的202家中小企业板上市公司董事长性别进行了分析，如图6-5所示。

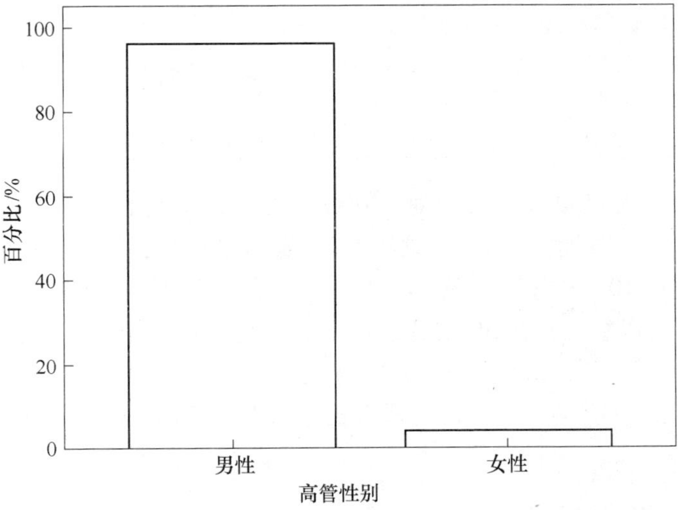

图6-5　高管性别状况分布图

通过图形可以看出，在全部样本公司中，有98%的公司高管为男性，仅有2%的公司高管为女性，即在202家上市公司中，仅有5家公司高管为女性。可以看出：在中国企业中，女性任公司高管的比例仍然较低，而男性的风险感知力较强，投资行为相对激进，因此，中国上市公司投资失败的案例较多。

6.2.3　高管团队客观特征实证分析

在上一节对高管团队认知与公司成长性的研究中，自变量与因变量均为面板数据，因此，采用面板数据分析法对高管团队认知对公司成长性的作用机理进行实证分析。在本节中，由于高管客观特征自变量均为时点指标，只有公司成长性为面板数据，如果采用面板数据分析法，会使研究结论失真可能性大大增强。因此，为了得出客观科学的研究结论，本节将公司成长性数据也转化成时点指标。

在上一章中采用因子分析法求出上市公司成长性公式如下：

$$公司成长性(Y) = 0.5261 \times ROA + 0.2158 \times ROIC + 0.0976 \times EPS$$

利用上述公式可以算出202家公司2005~2014年共十年的成长性数值，将十年的成长性数值求和后做算术平均，即算出公司近十年的平均增长率。以平均增长率为高管客观特征发挥作用的因变量指标，对上市公司高管客观特征与公司成长性关系采用State13.0数据分析软件分别进行回归分析，结果如表6-2所示。

表 6-2　客观特征对公司成长性影响回归分析结果

平均增长率	Coef.	Std. Err.	t	$p>\|t\|$	[95% Conf.	Interval]
大股东持股	0.0159209	0.0183787	0.87	0.387	−0.0203232	0.0521651
所有权性质	0.1678703	0.533814	0.31	0.753	−0.8848532	1.220594
两职合一	−0.9364645	0.5555443	−1.69	0.093	−2.032042	0.1591128
董事长性别	1.228718	1.262158	0.97	0.331	−1.260357	3.717793
董事长年龄	−0.0105078	0.0230824	−0.46	0.649	−0.0560239	0.0350083
cons	5.099345	0.7146037	7.14	0.000	3.690089	6.5086

上市公司高管团队客观特征对公司成长性的影响是否显著主要是看 P 值大小。若 P 值小于 5%而大于 1%，则在 5%的置信水平上显著。若 P 值小于 10%而大于 5%，则在 10%的置信水平上显著。若 P 值大于 10%而影响不显著。通过表 6-2 分析结果可以看出：在 5%的置信水平上，上市公司高管团队客观特征对公司成长性影响都不显著，即命题 7~命题 11 均不成立。在 10%的置信水平上，高管团队客观特征中只有两职合一对公司成长性的影响显著，即命题 9 成立，其余假设均不成立。

6.3　高管团队客观特征比较分析

6.3.1　研究结论

由于研究所选样本规模不同，行业不同，企业控制权也不相同，采用 State13.0 统计软件将高管团队客观特征与公司成长性关系进行实证分析后，发现在 5%的置信水平上研究结果均不显著。为此，本研究从 202 家上市公司中分别选取 20%即 40 家成长性最好的公司与 40 家成长性差的公司作为样本，将 80 家公司高管团队客观特征进行对比分析，这样可以更加直观清晰地得出研究结论。成长性较好的 40 家公司客观特征如表 6-3 所示。

表 6-3　成长性较好的上市公司高管团队人口统计特征

公司代码	第一大股东持股	两职合一	出生年份	性别	行业	企业性质
002202	18.22	2	1958	1	发电设备	国企
002153	54.77	1	1963	1	软件	民企
002128	59.22	2	1969	1	煤炭	国企
002152	47.7	2	1958	1	电脑硬件	国企
002081	24.7	2	1968	1	建筑	民企
002022	18.7	1	1956	1	生物科技	国企
002038	22.55	1	1964	1	制药	国企
002001	56.36	2	1962	1	制药	民企
002146	34.04	2	1962	1	房地产	民企

续表 6-3

公司代码	第一大股东持股	两职合一	出生年份	性别	行业	企业性质
002063	11.61	2	1955	1	软件	民企
002065	20.33	2	1959	1	软件	民企
002104	21.56	2	1966	1	电子元器件	民企
002007	17.84	1	1949	1	生物科技	民企
002191	32.73	2	1956	1	商业服务	民企
002158	32.97	1	1959	1	工业机械	国企
002197	24.61	1	1963	1	电脑硬件	民企
002024	26.44	2	1963	1	零售	民企
002140	58.33	2	1962	1	建筑	国企
002122	42.86	2	1962	1	工程机械	民企
002106	20.84	2	1966	1	电子元器件	国企
002194	29.8	1	1982	1	通信设备	民企
002151	37.6	2	1963	1	航天军工	民企
002028	18.21	1	1970	1	电工电网	民企
002180	68.74	2	1966	1	半导体	民企
002091	30.4	2	1963	2	贸易	国企
002147	16.28	2	1958	1	工程机械	国企
002096	41.62	2	1964	1	化工机械	国企
002154	10.35	2	1960	1	纺织服装	国企
002138	25.2	2	1956	1	电子元器件	国企
002123	14.81	1	1970	1	电工电网	民企
002177	23.61	1	1972	1	电脑硬件	民企
002195	16.46	2	1955	1	互联网	民企
002116	53.18	2	1957	1	建筑	国企
002130	32.01	2	1964	1	电子元器件	民企
002003	30.84	2	1965	1	纺织服装	民企
002179	41.57	1	1967	1	电子元器件	国企
002051	58.64	1	1963	2	建筑	国企
002131	16.02	1	1972	1	工业机械	民企
002032	73.13	2	1955	1	家居用品	国企
002150	42	2	1952	1	钢铁	民企

通过表 6-3 可以看出，成长性好的中小板上市公司，第一大股东平均持股比例 33.17%；董事长与总经理为一人兼任的公司有 13 家，董事长与总经理由二人分担的公司有 27 家；董事长平均年龄 54.65；公司董事长为男性的有 38 家，女性 2 家；公司所处行业大多为新兴产业或高科技公司；民营企业有 23 家，国企控股 17 家。成长性较差 40 家公司高管客观特征如表 6-4 所示。鉴于数据的敏感性会对上市公司造成不利影响，公司代码用数字 1、2、3 等表示。

表 6-4　成长性较差的上市公司高管团队人口统计特征

公司代码	第一大股东持股	两职合一	出生年份	性别	企业所性行业	企业性质
1	36. 69	2	1969	1	化工原料	民企
2	21. 45	2	1970	1	房地产	民企
3	12. 22	2	1972	1	纺织服装	民企
4	41. 16	1	1969	1	化工原料	民企
5	10. 78	2	1960	1	纺织服装	国企
6	35. 9	2	1970	1	基本金属	国企
7	24. 77	2	1972	1	文化传媒	民企
8	40. 19	1	1970	1	基本金属	国企
9	49. 62	2	1956	1	建材	国企
10	13. 87	2	1968	1	家居用品	民企
11	19. 88	2	1966	1	钢铁	民企
12	20. 74	1	1964	1	零售	国企
13	51. 83	2	1954	1	石油化工	民企
14	15. 2	1	1963	1	建材	国企
15	30. 16	2	1962	1	工程机械	民企
16	21. 08	2	1962	1	制药	民企
17	34. 24	2	1978	1	纺织服装	民企
18	24. 96	2	1946	1	基本金属	民企
19	33. 43	2	1966	1	化工原料	国企
20	25. 35	2	1966	1	电子元器件	国企
21	25. 94	2	1955	1	基本金属	国企
22	22. 58	2	1964	1	家用电器	民企
23	16. 29	2	1964	1	造纸	民企
24	41. 57	2	1963	1	纺织服装	民企
25	13. 58	2	1963	1	电力	国企
26	34. 85	2	1965	1	文化传媒	民企
27	47. 11	2	1957	1	文化传媒	国企
28	48. 99	2	1960	1	餐饮旅游	国企
29	17. 46	1	1965	1	工业机械	民企
30	21. 1	2	1958	1	环保	国企
31	47. 35	1	1968	1	制药	民企
32	60. 28	2	1971	1	港口	国企
33	15. 07	2	1955	1	餐饮旅游	民企
34	33	2	1948	1	纺织服装	国企

续表 6-4

公司代码	第一大股东持股	两职合一	出生年份	性别	企业所性行业	企业性质
35	16.5	1	1961	1	家用电器	民企
36	21.51	1	1970	1	建筑	民企
37	26.29	2	1958	1	纺织服装	民企
38	68.89	2	1964	1	钢铁	国企
39	30.91	2	1962	1	化工原料	国企
40	39.69	2	1964	1	基本金属	国企

成长性较差的上市公司，第一大股东平均持股比例 30.312%，董事长与总经理为一人兼任的公司有 8 家、由两人担任的有 32 家，董事长平均年龄 54.925 且性别全部为男性，公司所处行业多为化工、纺织、基本金属等传统行业，其中民企控股 22 家，国有控股 18 家。通过上述列表对比可以看出：成长性好的上市公司，第一大股东持股比例高于成长性差的公司约 3%，即第一大股东控股权越高的企业公司成长性相对越好。而董事长与总经理是否两职合一、董事长年龄、性别、公司所有权归属等特征，与公司成长性无显著相关性。通过与上一节实证结果的对比分析可以看出：同高管团队认知表征相比，高管团队客观特征对企业成长性的影响较小。

6.3.2 研究启示

在对高管团队客观特征差异的研究上，学者 Carpenter 和 Sanders（2004）提出，研究者将高管团队客观特征代替心理特征探讨其对组织绩效作用的影响，只是一个将替代复杂、不易获得的体系加以简便的方法，但对于战略选择和决策过程而言，客观特征并非关键的驱动因素。中国学者对企业客观特征的研究大多选取企业所属行业、成立年限、所有制结构以及高管工作背景等指标，但所得结论缺乏一致性。企业高管团队作为一个整体，会经常出现矛盾和分歧，而一旦出现矛盾，不能一味僵持，必须求同存异地合作解决（Eisenhardt et al.，2010）。这就要求企业必须有统一的核心理念，在正确理念的指引下求同存异、共同成长。后面将探讨核心理念的重要性及如何构建核心理念。

第7章　中国企业高管团队理性认知的探讨

前两章实证分析了高管团队认知对公司成长性的作用机理，同时，采用比较分析法实证分析了高管团队客观特征与公司成长性的关系。本章根据前人的文献，将高管团队认知划分为感性认知与理性认知，实证分析高管团队理性认知对公司成长性的作用机理。

7.1　高管团队认知分类

7.1.1　马克思主义哲学对“感性”与“理性”的划分

“感性”一词源于古希腊时期，是指人类感官所感受到的外部世界。近代的唯物论和经验论都对“感性”一词展开过探讨，经验论学派认可人的感觉经验，唯物论学派提出感觉经验不可靠，两个学派都将“感性”归纳为感觉经验。18世纪德国古典哲学创始人康德提出“人的认知都是从感性开始，经过知性后到达理性。”由经验而形成的先天直观的“感性认知”是认识论的第一个环节。康德将人的认识能力分为感性、理性、知性，形成了认识论意义上感性的学说体系。康德的认识论对于人类认识史的发展有重要意义。19世纪40年代，马克思在辩证唯物主义认识论中提出“人的认识过程是从第一次飞跃到第二次飞跃，即从感性认识到理性认识，将理性认识运用到实践，再在实践中产生新的感性认识，循环往复的认识过程。”从感性认识到理性认识是马克思主义哲学认识论的标准解释。马克思还将认知过程划分为两个不同的发展阶段：其中感性认知是认识主体对认识对象实际接触以后产生的直接感觉经验，其特点是直接性；理性认识是认识主体通过自身思维整理后对认识客体产生的加工后的认识过程，其特点是间接性。事物的表面、具体特征或外部联系通过感性认识反映出来，事物的本质、规律或内在联系通过理性认识反映出来。感性认识与理性认识之间有本质区别，感性到理性是认识过程的飞跃。

马克思主义认识论超越了传统哲学，在认识主体与认识事物或认识客体之间建立了两者的辩证统一关系，在人与客观世界的普遍联系中，阐释了感性认识与理性认识的区别。马克思主义的认识论为本书高管团队认知的划分提供了可借鉴的理论依据。

7.1.2 管理学中“感性”与“理性”的划分

中国学者葛玉辉曾对高管团队人力资本做出过非常精辟的阐述，指出高管团队人力资本既包括高管的先天素质，还包括后天由企业和自身共同投资形成的，能给企业带来收益并服务于企业需要，凝结在团队自身以及成员之间的背景特征，企业组织结构特征和组织价值取向等。葛玉辉在其研究中还将高管团队人力资本划分为隐性人力资本与显性人力资本两种。这里的显性人力资本与很多学者研究的高管团队人口统计学特征大致相同，是指凝结在高管团队成员自身或组织关系中的外在能力、知识以及政治取向；而隐性人力资本通常指凝结在高管团队成员内部或组织关系内的价值取向、人生态度、沟通协调能力、进取精神以及社会关系网络。薛乃卓、杜纲指出，显性人力资本通常是指用一般方法能够观察到其价值或其价值可以确定的外在的人力资本；而隐性人力资本是存在于组织中高管头脑或企业关系中的知识、诀窍、经验、创造力和价值取向等，包括员工所拥有的技能和隐性知识，还包括了西方学者 Linda Gratton & Sumantra Ghoshao 所提到的内隐于个人或组织中的不易被观察到的情感资本和社会资本。朱忠福提出，企业家人力资本是最高级形式的人力资本，是高管能力资本化的体现，是由高管社会关系、专有知识和管理能力构成的，这些专有知识、社会关系、管理能力等是不易识别、不易简单获取和掌握的隐性人力资本。上述学者对高管团队人力资本的划分方法对本研究中高管团队认知的划分带来了很大启发，其对隐性人力资本的研究主要基于高管的内在驱动基础上展开，而显性资本大多为可观察或可测量的人力资本。赵远胜（2014）提出，“团队认知”是指团队作为一个整体采用某种程序或方式将“感觉输入”进行加工、判断、分析、决策的全部过程。他还借鉴 Amason 根据任务取向与情感取向将高管团队冲突划分为认知冲突与情绪冲突的研究方法，将团队认知划分为感性认知与理性认知。感性认知是指高管团队以历史经验为依据，基于直觉理解对输入信息做出的感性判断、决策与认知过程；而理性认知是指高管团队以统计数据为依据，基于详细调查探究的方式对输入信息做出的理性判断、认知与决策的全部过程。

本研究在借鉴马克思主义哲学认识论、中国学者葛玉辉对人力资本可观察性的划分以及赵远胜对高管团队认知划分的理论基础上，将高管团队认知表征划分为感性认知与理性认知两部分：感性认知是指高管团队以历史经验为依据，通过感觉器官与认识对象进行实际接触后做出的判断与决策行为；理性认知是指高管团队通过抽象思维总结出的，基于高管的内在驱动所做出的判断与决策行为。按照本研究的定义，高管团队感性认知包括高管团队创新意识，资源整合能力、组织管理能力和关系构建能力；高管团队理性认知包括高管团队核心理念和高管团队诚信二维度。下面将对感性认知与理性认知的作用展开讨论。

7.1.3 理性认知的意义

美国行为学家马斯洛将人的需求划分为安全需求、生理需求、荣誉需求、归属需求以及自我价值实现五种，能体现出人的最终价值诉求和反映人生存意义的是荣誉需求和自我价值实现，它们也是人类最高级形式的需求，体现出人最根本的价值取向。企业不应该仅仅是为员工提供收入的场所，还应该是员工实现梦想的舞台，是员工将“职业”变成“事业”的载体。企业的“以人为本”就在于如何使企业成为同“人”一样的有机体。传统经济学认为，企业是以收抵支、向社会提供产品和服务并以“营利为目的”的经济组织，衡量企业的标准只能是盈利多少。从社会学的观点来看，把企业仅仅视为经济组织是狭隘的。无论是从仿生学的视角还是文化学视角看，企业除了具备物质属性外，还具备精神和文化属性。企业是一个有机生命体，具有生命体的基本特征，同人一样具有社会属性。如果人的最高需求是荣誉需求和自我价值实现，那么企业的存在同样有两个使命：一是自我良性发展，生存延续；二是满足员工的自我价值实现，促进人类社会发展。如果希望企业像人一样存在得有意义有价值，企业就必须有超越赚钱之上的更高使命与追求，这就要求企业不仅要重视物质财富的创造与积累，更要致力于实现企业的精神诉求。高管团队理性认知包括高管团队诚信和高管团队核心理念两部分，这两部分恰恰构成了企业最重要的精神财富。

高管诚信概念最早由西方学者提出。2003 年，比尔·乔治在其专著《诚信领导》中指出，诚信的高管会由衷地希望通过管理来服务于他人，他们更希望赋予下属权力来促进企业的发展，而不是总想着为自己谋求名望、金钱和权力；他们以心灵的真诚、热情和仁慈为做事原则。同时，他还指出，要想成为一名诚信的高管，需要具备五种素质：清楚自己的目标、用心灵领导、建立稳固的人际关系、表现自律精神和坚持坚定的价值观。Avolio 等人（2004）对诚信领导做出如下的定义：诚信领导对自己有清醒的认识，他们清楚自己和他人的道德观、价值观及优势，他们的行动遵循着自己的信仰和价值观，并且在行动时能够诚实地与其他人互动；他们灵活、自信、满怀希望、乐观，在个性上拥有高水平的道德水准；他们了解自己所工作的情景。Avolio 还指出，诚信领导的个人行为能够对下属的身份认同产生影响，下属的身份认同过程也是下属个人价值观与企业价值观趋同的过程，对企业价值观的认可会影响下属的工作态度和工作行为，进而影响组织绩效。Gardner（2005）认为，一个人的历史背景和引致事件对领导者的诚信有重要影响，而自我反省、自我规定对诚信领导的发展有积极促进作用，持续、积极的领导诚信行为能够鼓励下属诚信，提升下属的存在感和幸福感，进而提升企业绩效。王端旭、朱晓婧（2009）分析了高管团队承诺对企业研究人员创造力的影响程度，他们以知识共享为中介变量，得出高管情感承诺对研究人员的知识共享行为及研究人员创造力的提升有正向显著影响。郭玮（2012）等学者通过对100多名高管和574名研发人员为样本进行实证分析，得出：强调团队协作的诚信领导对员工个体及团队整体的创新行为有积极促进作用；而强调个体导向的诚信领导会直接支持员工个体的创新行为。张蕾（2012）等对中国山东烟台等地的部分企业高管诚信与员工行为选择进行实证分析发现：下属更愿意追随、接受并模仿诚信领导的风格；下属对领导的主观认同在模仿或追随过程中起中介作用，而组织政治知觉发挥部分调节作用。秦伟平、赵曙明等（2016）指出，诚信领导能更好地了解自我并接受本我，通过率先垂范和真我的充分展示，激发下属的创新活力和工作热情，增强领导与下属的信任程度，有助于员工自由表达意见，诚实地指出企业管理中存在的不足。

美国管理学家德鲁克曾经指出："管理也属于'文化'，管理不是无价值观的科学。管理作为一种社会职能，隐藏在组织习俗、价值观和信念的传统里。因此，管理不仅以文化为基础，还受到文化的制约。"美国学者吉姆·科林斯等在对18家百年以上企业与一般企业进行跟踪对比分析后指出：基业长青公司对核心理念的坚守无一例外是来自内心的驱使，就像艺术家或发明家发自内心想创造伟大作品一样，核心理念在公司的每一个员工心里生根发芽、茁壮成长。同时，核心理念还会和全心全意追求进步的感召力携手合作，促进所有不属于核心理念的事情变化和进步。这种追求进步的感召力并不是源于枯燥的理性认知，而是源于内心深处的冲动，一种以探索、发现、改变、创造和改善世界为己任的冲动，是来自于每个人心中具有强迫性、几乎是与生俱来的冲动。姜汝祥指出：企业的优胜之道就在于企业文化。企业文化看不见、摸不到，却藏于员工的内心和行为之中，一流企业的员工绝不是管理监督出来的，是在自觉自发的基础上围绕着企业目标作贡献。管理之道在于进行出色的管理制度设置，同时能够使用文化和价值观的力量，团结万千员工，让平凡的人做出不平凡的事。

人是有灵魂的，只有对人内心灵魂的触动才能激发人的不懈动力，而只有信念才具有这样伟大的力量。如果某一组织想得到源源不断持续增长的力量，必须以高管团队对核心理念的坚守和诚信为基础。只有高管能够对自身进行道德性约束，在正向的道德示范过程中，员工才会获得安全、自尊和自信，进而在情感上提升领导与员工的关系，从而使员工将领导的价值观转化为自我价值观，提高员工工作积极性和自主性，激发员工"士为知己者死"的工作激情。坚守理念的诚信高管通常倡导关系透明化以及公正处理各种相关信息，这种公平、令人尊重的沟通方式会促使员工更好地完成工作任务，努力学习与工作绩效相关的技能，焕发出积极向上工作的热情和动力。反之，不坚守核心理念或者表里不一的高管，常常使员工感到压力和倦怠，不想为了维护与工作相关的某些声誉而投入更多的时间和精力，得过且过，如果有更好的工作机会，便会迅速离职。通过马克思主义哲学认知论及理性认知对企业发展的影响可以得出：高管团队理性认知对于员工自我价值实现和企业健康持续成长起决定作用。

7.2　理性认知与组织绩效关系研究

7.2.1　核心理念的重要性

核心理念包括核心价值观、使命和愿景，核心价值观是企业在经营过程中坚持的根本信条和指导原则。使命表达的通常是除利益之外企业为什么而存在；核心价值观和使命确立了企业存在的理由和存在的目的，即企业为什么而存在，为了什么而发展，发展成什么样子；愿景是企业长期向往的“彼岸世界”，是能够使企业保存核心和刺激进步的导向性背景，也是企业未来实现的生动图景和蓝图，表达了人们对未来的梦想和憧憬，它能激励和鼓舞人们的心灵。斯坦福大学心理学教授凯利·麦格尼格尔经过多年研究分析发现：写出自己的核心理念，是曾经做过的最有效的心理学干预之一。从短期来看，写出价值观，会让人感觉更有力量，更有掌控感、自豪和强大；与此同时，还会让人感受到更多的爱、与他人的联结和同理心。它能提升痛苦承受力，增强自我掌控能力，减少承压后的无益反思。从长期来看，写出价值观并努力践行，会提升学生学业成绩、减少生病、改善心理健康，使人们在面对歧视时执着坚定，减轻无力感。斯坦福大学心理学家杰弗里·科恩和大卫·谢尔曼经过15年的研究得出结论，写出价值观的魔力在于它转变了对压力体验的思考，提升了应对压力的能力。当人们与自己的价值观相联结，人们更倾向于认为能够通过自身努力和他人的支持来改善处境。人们也倾向于认为，正在经历的困难是暂时的，问题会慢慢解决，暂时的困难不会搞砸自己的人生。

美国学者莫妮卡·沃林是同情心实验室的创始人，她曾经组织一大批组织行为心理学家研究企业愿景与员工行为的关系，研究表明：当员工感到其作为组织一员与他人紧密联系为公司的伟大愿景而工作时，会降低员工职业倦怠感，提高敬业度——这是助人带来的最大福利。沃林与20家在纳斯达克上市的公司合作，通过一个叫“角色重设”的练习来帮助公司员工提升工作韧性，要求员工从更宏大的角度重新书写岗位说明书。原来的岗位说明书大多数都是列出工作任务、工作技能及以岗位工作重点，很少描述岗位对组织或群体的贡献。而在“角色重设”练习里，沃林请参与者思考：如果从共事人或者所服务对象的角度看，你会如何描述自己的工作？你的角色对他人有何帮助？你的工作对公司愿景或者群体中其他人的福祉有何支持？虽然该练习并没有改变员工的工作任务，但却转化了员工对工作的看法。沃林发现，该练习有效提升了员工工作的意义感和满足感。在“角色重设”练习中有一个典型的案例：该案例发生在肯塔基的路易斯维尔，那里的人们很担心公共交通系统出现安全问题。因为在2012年7月，该市发生了一件令人震惊的惨剧，三个男人在公共汽车上发生争执，其中一个人掏出枪，光天化日之下杀死了年仅17岁的一名青少年。路易斯维尔市长严厉要求公交系统提升安全措施——除了已经安装的摄像头和紧急广播系统外，公交司机必须思考在保护乘客安全中发挥何种作用。公交司机严肃接受了“角色重设”挑战，集体把自己改名为“安全大使”。虽然驾车还是其首要任务，但他们开始重新思考自己的角色。为了使旅客感觉到被关注，司机们决定做一件事，在乘客上车时不只是收钱或检查公交卡，他们还与乘客目光交流打招呼，表示欢迎。通过与旅客联结，司机可以降低在公共区域发生犯罪的匿名性，同时使乘客感到舒适和受欢迎。“角色重设”最大的益处是对司机的影响。他们的工作意义感高涨——这对有高职业倦怠风险的岗位是非常重要的成果（根据《美国新闻与世界报道》调查，公交司机承受的压力大，晋升机会少）。公交司机通过把自己想象为安全大使，改变了工作的意义。他们在为更宏大的目标工作——每次乘客上车，他们就会想到这个目标。沃林与她的团队通过“角色重设”使人们以更宏大思维看待工作，改变人们对自身职业的认知，增强满意感，减缓职业倦怠。而宏大目标的益处，并不局限于工作满意度。沃林将这种思维运用到企业领导人身上，帮助很多企业走出了困境。2013年，弗尼吉亚和华盛顿的研究人员对过去2年经历了严峻挑战的140家企业进行调查。这些企业包括服务业、零售业、制造业以及农业等。这些企业都曾在漫长的经济衰退中苦苦挣扎，并且面对过至少一次关乎生存的威胁。研究人员通过对公司领导人访谈，想知道企业在危机中生存下来的举措，并分析那次危机对企业收入、利润和企业规模产生了哪些影响。当研究人员把坚持下来的公司与受创最重的公司对比分析后发现：最成功的公司采取了“集体主义”的方式来应对困难，他们把危机当做支持更宏大目标的机会。例如，有几家公司深受周围犯罪活动的折磨。多数公司提升了自身安保系统，试图在公司与周围环境之间设置屏障。但是，有一家公司尝试了非同寻常的照顾与友善策略，它投资装修了附近被遗弃的建筑，然后将其租给社区。这个公司还采用了一些有效和富有创造性的解决方案，通过关注更宏大的目标来应对衰退。在每一个成功渡过难关的企业案例中，领导人都把公司聚焦在更大的社群利益上，而不仅是关注当下自身的生存。这不仅使公司摆脱了危机，而且使公司收入、利润和规模都有了更大的增长。美国学者柯林斯指出：基业长青公司在初创时，没有几家拥有伟大的构想，也绝对不需要眼光远大的魅力型领导。基业长青公司历史上若干最出众的CEO，并不是魅力型领导的典范，但他们却是最符合本企业文化的。他们在追求利润的同时，往往还坚持着自己的核心理念，这种理念包括核心价值观和超越只知赚钱的使命感。这种理念贯穿于企业日常经营之中，使得这些公司要比纯粹以盈利为目的的公司赚得更多。核心理念能凝聚人心，使员工将工作职业变成事业。它会激发人们自觉自愿地为自己的组织敬业奉献。而当员工个人目标与企业目标相一致时，又会形成强大的动力实现组织愿景。下面将实证分析中小企业板上市公司核心理念与组织绩效之间的关系。

7.2.2 中国企业核心理念比较

第4章中采用因子分析法得出上市公司成长性计算公式，算出202家企业2005~2015共11年的成长性数值，对202家公司11年成长性数值求平均数并排序后，找出公司排名前十位和后十位的公司，分别收集这20家公司核心理念及违规情况等信息。核心理念信息主要来源于上市公司自身网页和对外公布的报告，违法违规信息来源于万德资讯。表7-1是中小企业板上市公司组织绩效排名前十位的公司（名称用其交易代码表示）核心理念与高管诚信情况。

表7-1　中小板综合绩效排名前十位公司核心理念与高管诚信情况

代码	核心价值观	使命	愿景	违规行为
002202	创造价值、成就人生	为人类奉献白云蓝天给未来创造更多资源	做世界新能源价值发现者和创造者	—
002153	理念：帮助用户成功、帮助员工成功、帮助企业成功、帮助行业成功	—	—	—
002128	满足用户 互利共赢	奉献绿色能源、服务社会公众	员工个人收入、价值实现与企业效益一体化，员工家庭富裕与企业发展、社会贡献一体化	—
002152	诚信、敬业、责任	团结、进取、求实、创新	致力于打造世界一流的EMD生产企业	—
002081	协同敬业 、诚信服务、以人为本、追求卓越	引领社会潮流、成为行业标杆、提供最佳服务、回馈员工、股东、社会	竞争对手尊敬的公司客户首选和信赖的公司社会认可、股民追捧的公司员工值得依托、实现自我的公司	公开批评、买卖股票
002022	一定会在尊重与爱护环境的前提下运作；在企业快速发展争做行业领先的过程中，所有行为决不损害子孙后代的利益	—	必定以在环境、健康、安全方面做出卓越贡献的优秀企业为榜样。科华将持续提升我们在安全、健康、环保的力度	—
002038	公司网站无法访问	—	—	—

续表 7-1

代码	核心价值观	使命	愿景	违规行为
002001	创新 人和 竞成	创新精细化工、改善生活品质	创造财富、成就员工、造福社会	—
0020146	追求卓越、令客户荣耀、令股东满意、令员工自豪	创造财富、培育人才、服务社会、报效国家	诚信、谦和、认真、苦干、拼搏、创新	公开批评、买卖股票
002063	敬业、诚信、尽责、创新	用优质的产品和服务、推动企业管理和社会进步	成为国内领先的企业管理和社会服务信息系统供应商	—

资料来源：笔者整理。

通过表 7-1 可以看出：在平均绩效排名前十位的公司中，除了 002038 公司网页无法登录，002153、002022 两家公司没有在其公司网页上明确提出核心价值观和企业使命等内容，只表达了一些类似于公司经营理念的信息外，其余七家公司均有明确的核心价值观与企业使命等信息；且在十家公司中有 002081、002146 两家公司高管发生过违规买卖股票的行为。表 7-2 是中国中小企业板近十年组织绩效排名后十位的公司核心理念情况表，由于数据的敏感性，排名后十位的公司名称用 A、B、C、D、…大写字母表示。

表 7-2 中小板综合绩效排名后十位公司核心理念与高管诚信情况

代码	核心价值观	使命	愿景	违规行为
A 公司	核心理念：Enjoy Your Life! Enjoy Your Work!	—	—	多次严重违规并受处罚
B 公司	公司网站无法访问	—	—	多次严重违规并受处罚
C 公司	公司未公布对外网站	—	—	多次严重违规
D 公司	企业精神：以实干创造未来； 管理理念：以人为本、规范管理、科学决策	—	—	违规提供担保、违规委托理财
E 公司	公司文化： “家”文化——霞客是所有员工的工作家园，是温情和规矩并存的家； “实”文化——诚实、踏实、求实、务实是霞客文化的重要特点； “水”文化——以柔克刚、锲而不舍、海纳百川、去浊存清	—	—	多次严重违规并处罚金 1600 万元
F 公司	企业精神：诚信共赢创新高效	—	—	多次违规并受处罚
G 公司	公司网站未明确提出核心价值观	—	—	—

续表 7-2

代码	核心价值观	使命	愿景	违规行为
H 公司	核心价值观：诚信、敬业、责任； 经营理念：用品质铸就品牌，为客户创造价值，和员工共建家园，与环境和谐相处； 企业宗旨是打造世界一流的 EMD 生产企业	—	—	—
I 公司	公司网站未明确提出核心价值观等	—	—	—
J 公司	企业精神：弘扬求真务实、努力拼搏奋进；诚信理念：坚持诚实守信、全面和谐友爱；市场理念：以市场为导向、以顾客为中心；员工理念：爱岗敬业、服从大局、忠诚勤奋、敢于奉献；经营宗旨：产业做好、做精、做强、做大，效益报国	—	企业目标：争创品牌之冠、铸就百年大业	信息披露虚假或严重误导性陈述

资料来源：笔者整理。

在平均绩效排名后十位的公司中，C 公司未公布对外网站，B 公司网站无法访问；G 公司和 I 公司网站上没有表明公司文化或公司理念的内容。其余六家公司中有 A、D、E、F、J 五家公司只表明了企业精神或经营宗旨等信息，只有 H 一家公司明确提出了核心价值观的信息，且在这六家公司中，有五家公司的企业精神里提到了诚信的内容，但这六家公司中有五家公司高管发生过违规事件。

著名学者郎咸平曾说："中国企业有个毛病，只知道赚钱，为了赚钱可以不择手段。"例如曾经发生的毒奶粉事件。其实，中国对各类食品的检验密度与频率比澳大利亚、美国等其他国家高得多，因为这种事件在其他国家是难以想象的。但在中国，食品安全事件时有发生，可见，中国企业家缺乏道德约束，只知道赚钱。一个人，一家公司，乃至一个民族，如果不讲道德，就绝不可能走远。

中西方学者在对失信公司进行调查研究后发现：与诚信企业相比，失信公司的高管更热衷于成为明星，都希望比别人更加光辉耀眼，为了暂时利益可以做出欺骗或取巧行为，对员工的奖惩也不公正透明，公司的团队协作水平很差。企业不信任自己的员工，不去挖掘有发展潜力的人，而愿意相信与生俱来的天才。这些企业错过了大批有可能成长为领导者的人才，这种相信天赋的做法更有可能毁掉那些它们认为有天赋的人，它们将这些人变得自大、不思进取。企业所有人都想"抄近路，走捷径"，结果是公司破产速度抄了近路，走了捷径。组织发展理论创始人沃伦 · 本尼斯在对出色领导者进行分析后发现：出色的领导人都认为领导者是后天培养而非天生的，而且是通过自我培养而不是什么外在的方法形成的。每一个人，无论是处在什么年龄或者在何种情况下，都有实现自我改变的可能。出色的领导者不仅自身经常学习自省，而且还要求公司的管理人员和普通员工参加学习培训。他们相信，能力是可以通过学习改变的，企业更应该重视的是员工的学习能力和坚持不懈的精神，而不是现成的天赋或才能。然而令人遗憾的是，中国的大部分高层管理人员甚至是CEO，最终都成了老板而不是真正的领导者。他们喜欢运用和享受自己的权力，而不去努力实现自我改变或改变员工以及他们所在的企业。

7.2.3 研究结论

7.2.3.1 高管团队核心理念与组织绩效关系

通过上述对比分析可以发现，组织绩效较好的上市公司比组织绩效差的公司更重视核心理念的引领作用，同时也更加诚信；大多数公司都明确提出了核心价值观、使命和愿景等内容。组织绩效较差的公司大多没有明确的核心价值观和使命、愿景等信息，部分公司在公司精神中提到了诚实守信等内容，却大多未遵守，组织绩效越差的公司，高管出现违法违规行为的可能性越大。笔者在收集上市公司核心理念信息时发现：有多家上市公司网站上没有关于核心理念的信息，但是在网页上最显赫的位置发表了公司董事长的寄语或发言稿。笔者阅读了其中几篇发言稿，发现其内容并没有显著表明核心理念或企业文化的信息，内容大多是公司历史沿革及对未来的展望，语言表达类似语录，目标也像是“宣言口号”。姜汝祥指出，中国企业管理中存在着根深蒂固的“帝王将相的权谋思想”，而这种思想同现代的公司治理理念是格格不入的。管理方式和手段的不透明是权谋思想的重要特征，企业管理中存在着大量的特权崇拜及语录式治理。中国企业家们对外期待着社会的民主化与法制化，对内却摆脱不掉帝王权谋思想，而这些认知偏差是构成企业成长壮大的最大障碍。核心理念是组织长盛不衰的根本信条，也是企业经营发展的指导原则；它不能与某一特定的文化或作业方法混为一谈，也不能为了暂时的财务利益或短期权益而自毁立场。以往以经济利润最大化为目标的单一使命观，已经不能与人们追求的企业承担公民责任、构建伦理型商业组织的企业精神相适应。因此，中国上市公司必须重塑自身伦理观，切实让员工感知并认同公司正确的伦理主张，继而与各利益相关者实现行动匹配及利益共赢。

企业核心价值观应该是发自内心的追求，它不是印在纸上用来看的，也不是用来取悦他人的。它应该是企业自身的真实想法，是铭刻在骨子里的信念，没有夸张、没有修饰、完全真实。公司经营成败的真正原因往往在于高管团队能否激发员工的工作热情和伟大的才能，在员工个人价值实现与企业价值实现之间有多大程度的一致性。公司在持续经营期间面对不断发生的变化时，如何维护其目标和方向感？美国学者吉姆·柯林斯在对全世界基业长青的企业调查时发现：基业长青公司能够从烦琐的做法和商业谋略中分离出他们永恒不变的核心价值观和经久不衰的使命。知道什么应该永恒不变，什么应该应时而变，什么是神圣的，什么不是。王俊杰也指出，任何企业想永续发展，必须有健全的信念作为所有战略和行动的前提，一定要将信念放在首位，任何政策、目标和做法都不能违背信念。诚然，世界是在变化的，而且正在以一种加速度变化着，但这并不意味着我们要放弃追寻能经受时间考验的基本信念；反之，我们比以往任何时候更需要它们。我们宁愿放弃那些要背弃原则才能获得的商业机会。因为，只有那些采用道德的方式坚守内心的信念和最崇高的目标的人，才能在事业上取得完全意义上的成功。

7. 2. 3. 2　高管诚信与组织绩效关系

通过上一小节对中小企业板最早上市的 202 家公司绩效排名前十与后十位公司高管违规行为的对比分析发现：排名前十位的公司中，有两家公司高管发生过违规买卖股票的行为；而排名后十位的公司中，有七家公司高管发生过违规或违法等行为，其中有六家公司是严重违规，并且是高管发生多次严重违规和信息披露虚假或严重误导性陈述。笔者对全部 202 家公司进行统计分析发现，近十年间高管发生过违法违规行为的公司占比达 31. 19%，其中轻度违规（大多为违规买卖股票等行为，受到中国证监会批评）占比达 16. 8%；中度违规占比 3. 9%；严重违规占比达 10. 49%。通过上述统计分析可以看出，组织绩效越差的公司，高管发生违法违规的事件越多，违规性质也越严重。同时看出，中国上市公司高管总体违规现象较严重，究其原因是由于高管失信成本较低，其中轻微失信公司只受到了中国证监会的公开批评；中等失信公司中只有不到 10%受到经济处罚，而且处罚金额很少；严重失信公司依法处罚金额也较少。由于失信公司受到经济处罚的金额较少，成本较低，反而会使守信公司的守信成本增加，从而使更多的企业尝试获取失信“收益”。

企业家对商业伦理的认知水平直接影响着企业对商业伦理的理解与执行。曾经有一项关于“企业领导者对非道德行为采取态度”的调查研究显示：中国有相当一部分企业家对非道德行为采取高度容忍的态度。这种现象验证了 Bird 提出的“经理人道德缄默”的观点，该观点指出：很多经理人能够意识到企业行为存在道德问题，但他们却不愿把道德问题表达出来。这也充分反映出中国企业家对商业伦理的重视还远远不够，还没有认识到“企业失德”是生死攸关的大事。零点公司曾经对“中国企业家的商业伦理”进行调查，结果表明，只有 15%的企业领导能够较全面地理解商业伦理的含义。虽然有很多民营企业意识到企业文化的重要性，都希望企业文化能为公司带来效益，促进公司发展，但是却很少有企业认真思考：企业文化优劣的根基是什么？丁栋虹指出：企业文化的根基是领导者以及其他所有员工的整体道德水平，而不仅仅是员工或领导者个人的道德水平。不少民营企业经营者将道德标准“攥在手里”，任由自己摆布，导致企业道德标准模糊，员工根本不把道德放在眼里，企业缺乏基本的道德底线，这些都必然制约民营企业的整体发展。

其实，生活中的事物总是在发生变化，中国企业家们在最初制定公司核心理念时，通常也是诚心诚意并相信自己能遵守的，可是当他们遇到新的机遇时，贪婪、欲望往往占了上风，使他们暂时忘了公司的核心理念，久而久之，忘却就成了一种习惯。中国的企业家经常面临两种选择：一种很理想化，定下崇高的目标，按照自己的信念做事。另一种似乎更“现实”，甚至有点愤世嫉俗的味道：好人吃亏；明白谁对自己有用；如果你想取得成功，就需要削尖了脑袋往前冲，有时还得偷偷摸摸。当许多商界人士开始相信通向成功的道路需要妥协让步时，他们就会屈服而后慢慢妥协，一点一点地放弃他们最初的梦想。不久，就像温水煮青蛙注定要死去一样，他们的梦想最终会慢慢地破灭，企业步入理念在“天上飘”，员工行为在“地上爬”的境地。美国学者对基业长青公司进行分析后发现：所有基业长青公司的高管都具有坚韧不拔的品质，无论这种品质是与生俱来的还是后天养成的，抑或两者兼有，都有助于高管渡过每一个困难时期，尤其是当发生在困难时期中的事件无法让人有充分的理由表现乐观和自信时，更是如此。没有坚忍不拔的品质，你会很容易陷入自我怀疑的泥潭中，而这时事件就掌握了你。一位优秀的管理者曾说过，他喜欢将自己描绘成一个供儿童玩耍的充气式气球人，这个气球人的大小同真人相仿。无论你把它击倒在地上多少次，它都能立刻重新站起来。也许你可以在自己的下意识中找到这个气球人的形象，时刻提醒自己，如果你需要在事业或生活上有所成就，那么失败是不可避免的，重要的是你要学会挖掘失败的意义和价值，学会将强烈的负面情绪转化为正面动力的方法，并决心继续学习和前进。这并不代表你没有经历过怀疑、绝望、伤心或愤怒的阶段。即使在“失败”过去多年以后的今天，一些领导者的声音仍然表明他们当时所体验到的强烈情绪。但是他们也知道自己的感受，并且会向其他人表达自己的想法，这就为他们的东山再起扫除了障碍。记住，如果你一直抱怨、恐惧，或怀有任何其他强烈而难以释怀的情绪，那么要做到坚韧不拔就非常困难。马云指出：“不要抱怨竞争，更不能带着仇恨去竞争，带着仇恨竞争一定会失败。”“第一，不许说竞争对手的坏话；第二，不许说竞争对手的坏话；第三，还是不许说竞争对手的坏话。”

人们常说“幸运之神偏爱持之以恒的人”，这是成功构建公司的基石。成功的企业家都是极有恒心和毅力的人，都具备“永远不放弃”的心理特征。他们可以随时修正、取消或改进一种构想，但他们却永远都不会放弃自己的公司。很多人喜欢把公司的成功与某个成功的构想联系起来，他们总是标榜企业的成功是源于某人的某个灵感。那么，如果那个构想失败了，你很可能会放弃公司；如果那个构想恰好成功，你很可能在认知上对它产生一种情感上的牵绊，并且在公司应该大力前进、追求其他目标时，还沉溺在那个构想中。但是，如果你不是把实施一个特定的构想或把适时利用一个市场机会当成终极的创造，那么你会坚持下去，不管构想是好是坏，你都会超越任何特定的构想，向成为经久不衰的伟大公司的目标迈进。

7.3　中外企业核心理念比较

7.3.1　中外企业核心理念差异

本章上一节对中小企业板上市公司核心理念与组织绩效之间的关系进行了实证分析，发现组织绩效好的上市公司高管比组织绩效差的上市公司高管更重视核心理念的引领作用，同时也更加诚信。本节将对组织绩效好的上市公司核心理念与外国基业长青公司的核心理念进行对比分析，试图找出中国公司存在的差距，为中国公司的成长壮大提供借鉴依据。

表 7-3 左列为最早在中小企业板上市的 202 家公司中组织绩效排名较好的十家中国公司，公司名称用股票交易代码表示；右列为外国基业长青的百年企业，这十家外国企业常常被作为经营典范而被各国管理学者所研究推崇。

表 7-3　中西方企业核心理念对照

中国公司	核心理念	外国公司	核心理念
002202	创造价值、成就人生	强生	公司存在的目的是要“减轻病痛”。顾客第一，员工第二，整个社会第三，股东第四
002153	理念：帮助用户成功、帮助员工成功、帮助企业成功、帮助行业成功	迪斯尼	“带给千百万人快乐”并且歌颂、培育、传播“健全的美国价值观”
002128	满足用户　互利共赢	3M	创新、正直、尊重个人的首创精神、决不扼杀一个新产品的创意“我们的真正业务是解决问题”
002152	诚信、敬业、责任	福特汽车	以诚实正直为基础、产品是我们努力的终端成果，人员是我们的力量源泉，利润是必要的手段与衡量我们成就的指标
002081	协同敬业 、诚信服务、以人为本、追求卓越	通用电器	以科技及创新改善生活品质，在每一个市场中，成为数一数二的公司

续表 7-3

中国公司	核心理念	外国公司	核心理念
002022	理念：科华一定会在尊重与爱护环境的前提下运作；在企业快速发展争做行业领先的过程中，所有行为决不损害子孙后代的利益	沃尔玛	“我们存在的目的是提供顾客物有所值的东西”
002038	公司网站无法访问	惠普	给我们从事的领域贡献技术、尊重每一个惠普人并给员工提供机会，共享事业的成功并对我们所在的社区奉献与负责
002001	创新　人和　竞成	默克	我们的事业是挽救和改善生命、这是我们所有工作的唯一和最终目标，依靠我们提供的工具，科技将会进步，知识将会增加，人类生活将会比以往任何时候更能抵抗疾病的干扰
002146	追求卓越、令客户荣耀、令股东满意、令员工自豪	IBM	我们要坚持做好每一件事使顾客满意、要让每个员工充分的思考、追求卓越
002063	敬业、诚信、尽责、创新	诺思通	服务顾客最优先，努力工作、追求生产效率，不断改进、永不满意，追求完美名声、让自己与众不同

通过表 7-3 中对比分析可以看出，中国公司核心理念的表述虽然朗朗上口，但却难以深入人心，更像是“口号、宣言”，难以激发员工的想象力和工作激情。相比较而言，外国企业核心理念的表述清晰明确，振奋人心而且容易激发员工的工作热情。那么，中外企业之间的差别仅仅是核心理念的表述吗？当然不是，中外企业之间真正的差别在于核心理念的真实性和一贯性。上述外国公司通常能够彻底地对员工灌输其核心理念，并且创造出一种极其强而有力的、几乎成为宗教般环绕这种理念的文化；公司的任何目标、政策和做法都不能违反核心理念，如果违反，它们就必须改变。笔者针对核心理念的落实与执行情况曾对三家有项目关系的上市公司发放了调查问卷，问卷发放 300 份，回收 247 份，回收率 82.33%，其中有效问卷 217 份，有效率达 87.85%。在有效问卷中，只有 61%的员工知道本公司的核心理念，其中 31%的员工认为高管的行为严格遵循公司的核心理念。在 39%不知道本公司核心理念的员工中，有 7%是中层干部，0.59%是高层领导。调查问卷显示出：中国公司大多并不关注核心理念的贯彻执行情况；不仅是普通员工，甚至是部分中高层领导都不清楚公司核心理念的内容；公司高管贯彻落实核心理念的情况也差强人意。如果一家公司的核心理念连公司员工都不知道，连公司高管都不执行，那它还算不算是核心理念呢？

7.3.2 高管情绪的“传染性”

有关社会认知理论研究表明，员工善于收集工作环境中的一切信号作为自己行事的参考。人类天生就能洞察别人的思想，当我们观察别人的行动时，会用社会脑去猜测他们的目的。这样的猜测可以让我们预测别人的行为，避免社会灾难，也让人们实现了自我保护，远离社会威胁。但是，这种自动读心术也有一种自控的副作用：它会激活我们心中的共同目标。心理学家称之为“目标传染病”。研究发现，我们很容易感染别人的目标，从而改变自己的行为。人类天生有模仿别人行动的本能，比如，在一项研究中，同学们得知了另一位同学在假期里打工的事，大家就都把赚钱视为自己的目标。然后，这些学生就会在实践中更努力、更勤快，以便多赚点钱。再比如，当你看到别人去拿零食、饮料或信用卡时，你自己也会无意识地模仿他们的行为。同时，你也会失去自己的意志力。最近，心理学研究人员考察了烟民在看到电影中有人抽烟时，他们大脑中发生的变化。他们控制手部运动的大脑区域变得活跃起来，就像烟民的大脑正在准备掏根烟点上一样。仅仅是看着屏幕上有人抽烟，就会让人下意识地产生吸烟的冲动。对想要控制冲动的烟民来说，这无疑加大了挑战。这些事实都说明目标是会传染的，并且目标传染会在两个方向上起作用——你既可以被更宏大、更正向的目标感染，也可能被感染自我放纵；同时，你喜欢的人或生活在你周围的人比陌生人更有传染性。例如，在流感肆虐的季节，你可能从任何接触过的人身上感染病毒。收银员咳嗽时不捂嘴，他刷完了你的信用卡递给你，你的卡上就沾满了细菌。这就是流行病学家所说的“简单传染”。在“简单传染”的情况下，病毒是谁传染给你并不重要。陌生人携带的细菌，和你喜欢的人携带的细菌没什么不同。只要你碰上病毒，就会被传染上。但是，行为传染的方式则有所不同。社会传染，如吸烟的传播，遵循的是“复杂传染”的模式。仅仅接触到行为的“携带者”还不够，重要的是你和这个行为人有关联。研究人员发现：当我们想到我们喜爱、尊重的人和感觉相似的人时，我们的大脑会像对待自己一样对待他们，而不会把他们视为“别人”。我们的自我意识取决于我们和他人的关系。在很多时候，只有想到其他人，我们才知道自己是谁。因为，我们的自我意识中包含了其他人，他们的选择影响了我们的选择。

大多不良情绪都具有极强的传染性，当人遇到烦恼时，如果不能主动地控制自己的情绪，那么不愉快的“病毒”会迅速渲染、转嫁给他人。就像微笑会传染、会带给人们快乐一样，负面情绪也能污染一大片空间。许多企业高管在做错事情时容易迁怒他人，当他开始这样的迁怒行为时，意识不到周围的人会被他传染，于是更多的人学会迁怒他人，坏情绪开始在企业传播。通常来说，传播者的影响力越大，人们就越可能在潜意识是去模仿传播者的情绪。例如，当影视体明星、公众人物或其他一些知名人士在电视节目中落泪，会打动电视机前的许多观众随之落泪。这是因为，作为影响力巨大的人，他的被认同感较强，对外界刺激的强度也越大，越容易引起情绪传染。情绪传染具备“共情”的特点。有凝聚力的团体往往会用这种“共情”一起对抗外界的损害，从而使团体中的每一个人都从中感受到归属感和安全感。许多优秀企业的高管都善于将自己的情绪灌输给自己的团队成员，然后把他们凝聚起来。缺乏理性思考、易受暗示和知识经验比较单一的人，容易被别人的情绪影响，而大多中国企业员工易受高管负面情绪的影响。在今天，最常见、最可怕的具备传染性的情绪病毒就是压力和焦虑。它们如同感冒病毒一样可以飞速地污染整个团队。人就像一张海绵，不断吸收周围人的情绪传染病。当感受到他人消极的情绪影响时，就会变得消极，莫名其妙地感受到对工作没有兴趣，很想大哭一场等。

高管行为在企业中起着示范作用，高管通过“上行下效”的方式影响员工的行为进而影响企业绩效。员工更倾向于关注公司高管的言行。如果一家公司连高管都不履行核心理念，那还怎么要求员工履行呢？麻省理工学院教授彼得·圣吉认为，许多企业管理者都树立了企业的核心理念，但这些理念并没有成为大家的共识，贯彻到企业的日常经营当中。对于中国许多公司而言，高管们会经常打着“公司理念”的大旗，但真正的问题是，这些高管从来没有致力于建立起一个大家共同认可的价值体系和制度体系，结果是企业经营成了一场大家跟着跑的马拉松。任何一家企业要想生存、发展和获得成功，都必须有健全的信念作为一切行动和战略的前提，同时要忠实地遵循这些理念——信念必须始终放在首位。

7.4 本章小节

企业高管要赢得下属的信任与支持，就必须以身作则，身体力行。很多中国企业高管认为，领导力是领导用来施之于他人身上的一套技巧，是一种与人相处的艺术。其实，领导力是关于怎样才能成为领导的问题，而不是怎样去做领导。只有一个人真诚坦率，有极强的自律精神，并且有一套强烈的价值观，其所作所为都与价值观保持一致，这个人才称得上是领导人。生活中每个人都会遇到诱惑。企业高管面对诱惑的机会更多，例如金钱、权势、美女、娱乐等，甚至在企业经营的关键时刻“让我停下歇歇吧”之类的惰性也会成为诱惑。诱惑防不胜防，不知道什么时候就会冒出来打乱我们的工作或生活节奏。一个人能抵得住诱惑，他就有了做大事的基础。面对诱惑，人们对自身必须具有良好的认知，这对成功至关重要。对自身有正确认知的人在工作中往往更受欢迎，在生活的许多方面也会更加成功。比如那些能够战胜短期利益诱惑的高管，他们在创业时成功的概率会更高。在大量的企业经营失败案例中，企业高管对于欲望的需求和执着常常让人感到震惊，他们用不断满足的欲望作为企业的生存目标，并且坚定地认为自己的追求是正当的。当某一个短暂的欲望得到满足后，立刻又被更加贪婪的目标所取代，直到企业经营因为贪婪而失败。根据禅经的观点，人类的本质是精神属性的，不管你拥有多少物质，实现多少欲望，都不可能真正地填补内心的空虚。

哈佛商学院的宗旨是：让商务成为职业。那什么样的工作能称为职业呢？衡量职业重要的标准是成员必须具备利他主义精神，换句话说，就是成员应品行正直、高尚。在经济全球化背景下，企业经营更加重视和强调团队合作，因此，员工正直就成为国内外公认的首要标准。彼得·德鲁克曾在其里程碑式的著作《管理学》中提出，优秀管理者最重要的特征之一就是正直感。正直是成功企业家最优秀的品质，也是优秀企业家最具魅力的人格。美国学者米勒也提出，在当下的时代，下属不可能盲目跟随某人，也不可能与任何组织永远拴在一起。而领导者最可靠的能力就是带领一群人从事创造性的活动，在这种情况下，领导者必须具备的条件就是正直。无论你采用多么创新的领导方式，正直都是绝对不能妥协的一个原则，是企业文化赖以生存的磐石。只有管理人员正直，下属才会信任他，然后才能迈向更大的自主权、自我管理，并达到更高的效率。对企业管理者来说，一个人如果缺乏正直的人格，不但今天不能在管理阶层上立足，将来也更无可能。一个想当领导的人，应该永远说真话，如果没有其他原因，至少说真话是最简单的。

领导力依托于领导者的价值观。如果领导者的价值观是正确的，就会引导正确的行为。所谓价值观，就是对得体行为或结果的偏向，表现出一个人对“错与对”的认识能力。不具有卓越价值观的人，不能成为优秀的领导者。领导者的价值观远胜于任何其他的因素，会对组织的管理、制度、文化以及成员产生重大而深远的影响。因为道德的作用远不止给人约束，更是一个人真正幸福的源泉。唯有德行给予人的愉快是没任何副作用的，你越是沐浴在道德的光辉下，你就越是远离了一切烦恼。正直是商业伦理的试金石，是领导者必需的品质。

第 8 章　中外著名企业高管认知案例探讨

8.1　中国企业之殇

2017 年，由中国政府牵头组成企业“转型升级”项目调研课题组对 100 多家制造业企业进行了调研，企业所属行业包括装备制造、汽车制造、基础材料、生物医药、服装、食品、软件电子、图书印刷及创业孵化器等。调研发现，只有少数几家企业转型成功，绝大多数制造业企业都处于“转型失败”状态，企业高管除了悲观抱怨、唉声叹气、向政府寻求帮助之外，更多的是不知所措、消极应对。研究者发现：企业高管思维模式的不同导致了转型升级的效果不同。最优秀、最成功的领导者之所以和其他人做得不一样，其原因不仅仅在于他们的技能，更重要的是在于他们对自身环境及自我优劣势有正确的认知。

转型失败的企业高管大多缺乏对自身的正确认知，他们觉得自己是高管就高人一等，能比普通人更快地领悟政策、更快地适应市场。他们会在心里给自己构建一个虚幻而美好的未来并且大肆宣传，吹得时间久了，别人没信，自己反而把自己骗了。例如，一家制造轮胎设备的企业为了转型升级，跟日本专家合作成立一家高端、具有互联网思维的医院；一家做吸尘器的企业改成生产机器人；一家做农机的企业改做无人机。这些企业都将最宝贵的资源投入到了新产业当中，结果无一例外，全部亏损。他们混淆了“转型”与“转行”的概念，他们不知道转型的关键在于价值创新，在于为整个产业链赋予新的价值，没有了价值创新，“转型”只能简单地沦为“转行”。转型和创新更多的是需要专注执着的“笨人”，专注于自己的老本行，就像中国华为公司那样，几十年如一日专注地做通信设备，不炒股、不卖楼、不做金融、不上市。中国传统制造企业大多缺乏专注精神，总是感觉自己所在的行业没什么前途，赚钱太慢，利润率太低，一定要跨界到云里雾里的高科技行业才有创新、才有发展。事实上，美国的百年企业大多为传统行业，把传统的产品做精做细，即便是生产牛奶、衬衫也一样能够做大做强。转型是指在自己熟悉的行业和领域内闯出一条生路，在熟悉的轨道上创新。例如美国的谷歌公司，无人驾驶技术本来就是谷歌的长项，它并没有跨界，而是把它的核心技术延伸到了自动驾驶上。很多自动驾驶原本用的就是谷歌的图像处理技术，图像和数据处理技术正是谷歌搜索多年来积累的优势所在。你不能把谷歌的汽车看成是一辆汽车，应该把它看成是一部强大的数据处理器，因为它通过声光电各种各样的传感器在识别周围的环境，把这一系列传感器获得的信号输入到它的中央处理器当中去，判断我这个车周围都有几辆车在开，这几辆车的速度是多少，发生碰撞的概率是多少，进行快速地运算。所以，谷歌的自动驾驶汽车实际上已经不是传统意义上的汽车了，它的核心是强大的数据和图像处理器，而这原本就是谷歌的核心技术，它并没有转行。很多中国企业贸然转到全新的行业，既缺乏行业经验，又缺乏客户基础，更缺乏熟悉监管的团队，失败肯定是大概率事件。

随着互联网行业的急速发展，中国的传统制造企业开始热衷于搞各种各样的“模式创新”，只要任何一个“大师级人物”提出了任何一种模式，都有制造业的高管前赴后继地为之买单，争抢着当大师的“小白鼠”。而这些模式其实只是“找个新渠道卖货”。线下代理商不行改电商，电商不行换微商，微商再不行就做直播，做社群营销，做 IP 营销，C2C、C2B、C2M、O2O、OAO 等等。企业动不动设个小目标，砸几个亿建个平台，最后发现，无论建了多少个平台，用了多少种模式，自己的品牌、自己的产品还是不值钱。其实，无论是什么模式，最终能让人们记住的，仍然是那些好的品牌，好的产品。哪怕这些品牌的价格高一点，人们也能忍受，因为他们能给我们信任。例如，在中国有一家叫罗森伯格的德资企业，专门生产汽车上用的连接器这种小部件，企业规模不大，生产模式较简单，技术含量也不太高。如果是国内企业，很有可能就是一个乱糟糟的五金加工厂。但是这家德资企业，在人才培养体系、生产管理体系、质量控制体系等多方面让很多国内专家都竖起了大拇指。他们工厂车间的电镀环节，对于国内企业来说是污染比较重的区域，可这家企业机械设备摆放整洁有序，员工生产安全规范，生产过程居然连一丝异味都没有，生产剩余的电镀泥还要运回德国二次提炼。它的负责人曾自豪地说，建厂十几年，没有污染过中国一寸土。尽管这是一家技术门槛并不算高的行业，但被替代的可能性很小，因为它靠的不是高科技、不是新模式，而只是把小东西做到极致，让你换无可换。这就是德国小企业的发展模式，虽然如今汽车行业不景气，但这家企业仍能维持每年百分之三四十的增长。

中国专家组还曾对中日两家食品制造企业进行调研。两家企业管理体系似乎很像，进车间都要先换衣服、戴头套、套鞋套，然后全身吹风，洗手消毒后才能进去。表面上看起来管理方式都不错，但是专家在生产车间里面随处用手摸了几个地方，一家是沾了一手灰，另一家则是一尘不染。前一家是中国的龙头食品企业，后一家是北京市顺义区的日资企业，叫京日东大食品，老板是 1960 年代才去日本的日籍华人。在那家日资企业里的每一个角落，哪怕是维修车间里的工具，都摆放得整整齐齐，工厂里的每一个员工见面都会微笑着互相问“你好”。没有一家中国企业要求员工见面时互问“你好”，可一句轻轻的“你好”，会让员工有了主人翁意识，让他愿意为企业的每一点改进贡献智慧，让所有工作中的

“矛盾、摩擦”在“你好”声中化解，让所有员工知道企业是一个大家庭。那家日资企业能够在每一个细节上都做到极致，显然是全员参与的结果。这就是企业文化的力量。而中国企业往往觉得企业文化就是个虚的东西，无所谓；管理就是领导一个人的事，领导当然只能关注到大面，细节他顾不上；而员工觉得管理跟自己完全没关系，自然就是空有架子没有实际。中日企业之间看起来什么都不差，可能就是差了一点文化，这个一点，结果其实就是相差十万八千里了。

中国传统制造企业对于“转型升级”的认识总是在两个极端上来回摆动，当高管们听了某位大师的互联网思维讲座，热血沸腾的时候，一拍脑袋可以豪掷千金。曾经有一家做钢管的公司，给员工买个口罩都不舍得买，却仍斥资几千万去开发了 APP 互联网平台。而这些“跨越式”发展的企业，一旦遇到挫折，又立刻缩回来，变得比任何人都保守，你跟他说什么他都认为你是忽悠、扯淡、不切实际。然后开始怨天尤人，跟政府抱怨给员工上社保太贵啦、环保检查太严啦之类的，高呼“实业难做”，企图让政府出手救他。如果说爱国主义是恶棍最后的避难所，那么坚守实业就是烂企业最后的护身符，企图贴上个“坚守实业”的标签，把自己当成国家民族的救星，站在道德制高点上。其实，企业家的创新不是体现在技术方面，而是体现在制度和思想理论创新方面，技术创新不过是实现制度创新和思想理论创新的一种手段而已。一个企业越来越难做的原因通常在于经济学家所说的效益递减定律。例如，当某公司完全确立并熟练运用广告实现销售增长的时候，做一次电视广告可以为公司带来 3000 份订单，但随着广告次数的增加，它最后的广告可能仅为它带来 300 份订单。效益递减规律同样适用于企业经营的其他方面，例如，企业的一次组织变化、一次模式变化和企业家的一次道德提升，带来的效益往往让企业打破一时的极限，但接下来它的效益就开始递减。如果不能有意识地持续变革，企业早晚会遇到增长的极限，企业就会变得越来越难做。但是创新却能带来“效益递增”，通过创新能够让企业突破原来的极限，一个新产品能够给企业开创一片新天地。一个新客户群也会给企业带来新的增长期。一次新的组织结构变革也会让企业保持很长一段时间的成长等。创新是一种具有高度自主性和创造性的行为，它依赖于不同思想、不同意见相互交流的撞击，依赖于全体成员的积极参与和真诚投入。这就需要构建平等、民主、开放、宽容和积极行动的企业文化，“思想有多远，企业就能走多远。”美国学者帕特里克·兰西奥尼在其著作《CEO 的五大诱惑——一个关于领导艺术的寓言》中指出，成功企业都是拒绝诱惑的结果。高管经常面对的五大诱惑分别是：（1）把职位或官位看得比组织的业绩重，把个人的得失看得比组织的前途重；（2）一味讨好部下，而不是让其明白应有的责任，一旦出现损失则一开了之；（3）担心决策错误，不敢决断，导致组织缺乏长期的愿景和短期的计划；（4）渴望融洽，害怕争论，粉饰太平；（5）害怕暴露自己的弱点，幻想自己全知全能、包打天下，行为和决定无懈可击。中国企业高管很少能抵御得了这五大诱惑，因此，企业很少能经营成功。

8.2　企业经营之“道”

著名企业家、投资家巴菲特曾经说过：美国经济领先于全球的关键，在于美国企业形成了一套能释放人才潜能的体系。在美国只有四百万人口的时候，中国有六千万人口，当时为什么美国的发展能迅速超过中国，就是因为美国企业能够把人的潜能释放开来。巴菲特多年来一直在赌美国的国运，坚持持有美国最优质企业的股票，获得了巨大回报。他对美国经济的解读是正确的，能够把人的潜能焕发出来，正是一个国家真正的生机所在。而中国在自己特有的模式下能不能释放出人的潜能，这是一个大的考验，也是在走前人没走过的路。面对纷繁复杂的世界经济形势及日新月异的科技创新，中国企业高管需要认知层面上的升级，当下不是过去那样躺着就可以挣钱的时候了，对趋势要有前瞻性，要及时更新自己的认知。

大多数中国人的思维轨迹是：年轻时喜欢检讨社会，表达对社会的不满；中年时检讨自己的组织，讨论组织的不公；老年时才检讨自己，只有自己能主观改变。多少年来，中国和世界上更多国家一代又一代的精英们力图改变世界而不是改变自己。尤其是近代中国，知识分子真正关心的并非实质上的“个人”解放，而是想通过国家“解放”来保障个人的自我发展。可是，在没有改变自己的情况下，这种改变世界的期望带来的只能是历史的往复甚至轮回。而我们真正需要的是什么呢？难道不是通过改变自己再去改变世界吗？在英国威斯敏斯特教堂的地下室里，圣公会主教的墓碑上写着这样一句话：在我年轻自由的时候，我的想象力不受任何局限，我梦想着改变世界。当我渐渐成熟的时候，我发现这个世界是我无法改变的，于是，我将目光放得短浅一些，那就先改变我的国家吧！但我似乎也无法改变我的国家。而到了迟暮之年，我抱着最后一丝努力的希望，决定只改变我的家庭、我亲近的人，但是，唉！他们根本不接受改变。现在我临终之时，我才意识到：如果起初我只想改变自己，接着我就可以改变我的家人。然后，在他们的帮助和鼓励下，我也许可以改变我的国家。再接下来，谁知道呢，我也许连整个世界都可以改变。

作为中国当代企业家，又该如何改变自身呢？著名学者丁栋虹指出：人的高贵源自内心。使人高贵起来的不是权力而是道义，不是地位而是信仰，不是金钱而是文化，不是血统而是思想，不是长相而是才华。大智者必谦和，大才者朴实无华，大善者必宽容，大成者谦逊平和。真正高贵的人，面对强者不卑不亢，面对弱者平等视之；真正优雅的人，必定有包容万象、宽待众生的胸怀。企业高管需要一种贵族精神，而贵族不是指物质的丰厚，而是指精神的富足，是一种能够抵御物欲主义的诱惑，不以享乐为人生目的文化教养；一种能够珍惜荣誉、严于自律，担当起家庭与国家的责任；一种拥有独立意志、自由灵魂，在金钱与权力面前敢于说“不”；一种具有知性与道德自主性，能够超越潮流与时尚，不为强权与多数人意见所左右的精神。支撑企业成功的一定是成功的企业文化，而且成功的企业文化一定是与日俱增、不断创新的。只有不断创新的文化，才能引领着企业行为不断创新。对企业家而言，领导之道的重要载体就是企业文化有型。管理者一定要用“道”来管人，不是用“术”来管人。文化管理就是一种“道”的管理。何为企业文化？领导在的时候与不在的时候，行为原则都是一样的；人们的行为只与文化有关，与权力无关，这就是文化。如果你的企业做到了这一点，这家企业就是有文化的企业，否则，就是一家没有文化的企业。企业没有文化不是错误，错误的是管理者不致力于建立一种文化，建立一种行事规则，建立一种让员工进入企业第一天就清楚地知道什么是对的，什么是错的，什么样的行为应该被鼓励，什么样的行为应该被坚决反对。从这个角度讲，中国很多的公司是没有文化的。事实上，一些中国企业，经常黑白不分，明知违背原则的事，只要能带来短期利益照做不误。只有当企业家或者员工没有任何利益冲突的情况下，他们才信誓旦旦要共建一家伟大的公司。一旦面临利益冲突，这些人可能会马上换成另一幅面孔，这时他们只相信能得到的实实在在的利益。如果利益受损，则一切原则都是空谈。例如，当一个企业家在台上风光的时候，人们不惜大量的篇幅去赞扬他、歌颂他，只看到他的辉煌，给他很高的名誉；可当企业家出了问题，所有的报道都会转向，说这个人是多么失败，如何的有问题。我们是否想过，难道这个企业家和企业是一天变坏的吗？分清这个道理之后，我们就会知道，在企业中坚守价值观、坚持原则是需要付出代价的。但从长远来看，它又是成本最低的管理之“道”。

丁栋虹在《企业家精神》一书中指出：企业管理之“道”主要应该包含以下几个方面。

A 原则管理

企业文化建设的目的，就是要形成一个是与非、对与错、黑与白之间的明确界线，要旗帜鲜明地提出哪些是我们应该提倡的，哪些是我们坚决反对的。如果一家企业对于重大事件或者争议没有原则和标准来裁决，这家企业就不是黑白分明的。一家企业如果黑白不分，就绝不会激励员工的工作积极性，发挥员工主动性和创造性，那将是非常可怕的事。它会使员工去猜测上司的意图，或者同事之间相互揣摩，花精力去维护人际关系。这样，就会造成不良公司风气，危害企业发展。有什么样的领导，就有什么样的企业文化。大部分伟大企业的核心价值观其实就是创始人的核心价值观，因此，在这一点上，文化意义上的创始人才能决定一个企业的持续。反过来，这也对公司管理者提出了新的要求。总经理倡导什么，企业的方向就是什么；总经理信奉什么，企业的信念就是什么。世界上的优秀企业，对哪些行为是提倡的和哪些行为是反对的一定是黑白分明、清清楚楚的。松下公司有一句名言："如果你犯了一个诚实的错误，公司非常宽大，把错误当做训练费用，从中学习；但是，如果你违反公司的基本原则，就会受到严重处罚——解雇。"这样，企业发展所需要的强大团队就能真正建立起来，这时，企业要实现一个目标就仅仅是时间问题了。

B　正当管理

管理具有两重性：自然属性和社会属性。对于企业采取的新举措是否坚持了以人为本的原则，是否合理、正当等的分析，就是对企业社会属性的考察。发达国家的企业管理在重视自然属性的同时并没有忘记管理的社会属性，他们已经将管理水平推进到文化管理阶段。管理正当与否是企业管理社会属性的重要表现。管理是否正当与企业家的个人道德有关系，但不完全一致。当一个经理人通过正当管理使企业效益迅速提高，而把竞争对手排挤出市场，使他血本无归，陷于破产时，这不能说是不道德的。这也是一些心地善良的经理人在其位置上常常感到良心不安的重要原因。因此，正当管理只属于经理人的职业道德。强调正当管理绝不是满口仁义道德，其间可能有严峻的利益冲突。通过正当管理争得的利益无可指责。管理正当与否是以社会整体利益加以衡量的，这要具体到经理人对社会的应尽义务或法定义务。当经理人违背了自己的法定义务时，往往就侵犯了具体人或集体的正当、合法利益，通过这种方式扩大自己的相关利益份额就是不正当的。由此可见，不正当管理具有一定程度的违法性，是一个与法律有关的概念。管理中的违法犯罪都属于不正当管理行为，但这里所说的不正当管理，主要是指在管理过程中，相关法律尚没有规定应给予严厉制裁的那一部分违法行为。企业家对商业伦理的认识水平和深度直接影响着企业对商业伦理的理解和执行。一项关于"企业经营者对非道德行为采取态度"的调查结果表明，相当一部分中国企业家对非道德行为采取了高度容忍的态度。

C　常识管理

我们今天的社会缺的不是伟大理论，而是普通常识；不是高不可及的信仰，而是基本的良知。所以，我们最要紧的事情不是制造理论和奢谈信仰，而是恢复常识和良知。人掌握常识并不难，在校学习和生活体验中都能学到常识，诸如哲学常识、物理常识、科学常识、社会常识、化学常识、经济常识等，懂得一些常识，就会少犯或不犯常识性错误，也不会轻而易举地上当受骗。例如，有人声称能把水变成油，懂一点化学知识的人一定会提出疑问：水是由氢原子和氧原子组成，而油含有碳原子，水变油是不可能做到的，那只不过是痴人说梦。然而，在现实生活中，人们却常常对基本事实视而不见，对一些常识性问题，犯常识性错误的人前仆后继，甚至一些地方、一些部门、一些单位的高层领导都会犯常识性错误。例如，制定经济发展目标，说法是产值利润连续几年翻番，企业发展几年上几个台阶，收入水平几年增长几倍，地方经济实行跳跃式发展等，颇有“大跃进”期间“一天等于二十年”的味道。

周国平指出：“今天我们最缺的不是伟大的理论和高超的信仰，而是普通的常识和基本的良知。所以，最紧要的事情是恢复常识和良知。一个人若能够坚持常识和良知，只说自己心里真实的想法，不跟着别人胡说八道，也不口是心非，他就可以算是半个智者了。另外半个，则要看他有没有天分。”善良的人心中常有一种负罪感，邪恶的人心中更多的是抱怨！没有道德感的人，自然也缺少来自道德的痛苦和纠结。缺少道德的痛苦和纠结的人，也就没有道德负担和道德顾忌。没有道德负担和道德顾忌的人，常常会显得果断和有力。因此，恶在很多时候比善显得更有力量。君子往往黑白分明，知道什么是对的；小人往往是非颠倒，知道什么是有利可图的。一个人应该做他必须做的事情，仅仅因为这件事是道德的，并不是出于个人索取的考虑。做应该做的事，其价值在于做这件事本身，而并非在于外部结果。如果我们恪守这个原则，我们就不会失败。鲍勃·肯尼迪曾说：“一个人每次为一个理念挺身而出，或为改进他人生活而努力，或向不公出击，他传递出的希望仅产生很小的波纹，而千百万不同能量产生的波纹互相交叉，就能汇聚成洪流，并可冲垮阻挡我们的最坚实的墙。”在某些语境中，常识的对立面是被扭曲的认知和被灌输的想法。常识性的错误会恶性循环。如果开始由于缺乏常识或受到压力而犯常识性错误，而在犯了常识性错误却又得了好处，于是又故意去犯常识性错误，而且错误越来越升级，以致一发而不可收。

D 诚信管理

“诚者，天之道也；诚之者，人之道也。”古人认为，天的创造是纯粹“诚”的体现。人要学天的创造，就是最真实的、最内在的。信任是一种伟大的力量。天就是创造性的本身。诚信是现代市场经济的基石，它又可以分为企业家个体诚信、企业本体诚信与政府主体诚信三个基本层面。任何一个诚信社会的建立，必须从这三个角度着手。企业家职业信誉是诚信的基础。所谓企业家职业信誉，其实就是对企业家经营能力、经营业绩的评价，是一种具有相应价值的无形资产。它由企业家职业道德、职业经验、职业能力、职业业绩等要素组成。它不仅是对企业家过去的总结，更是未来创利能力的资本。信用是人的第二生命，决定了企业家在企业家市场上的位置。诚信的管理者会言行一致，以负责的态度采取某种行动。每个领导都需要跟随者，跟随是一种信任行为，也就是对领导者有信心。但只有在领导者与跟随者相互信任时，才能实现这种领导。著名的《第五代管理》的作者查尔斯·M·萨维奇有一名妙语：“怀疑和不信任是公司真正的成本之源。”让管理者亲和于人，让管理者与员工心理距离缩短，让管理者与员工彼此间在无拘束的交流中互相激发灵感、热情和信任，这样的理念在世界级企业家的心中越来越获得共识。世界上的扭亏高手、优利系统公司掌门人温白克说过："一家企业要成功，关键是一定要爱护你的员工，并帮助他们，否则，他们就不会帮助你的企业。对待你的员工一定要诚实，要有一致性，不能朝令夕改，一定把你的心拿出来给他们看，要心心相印，只有在这种情况下，他们才会跟着你走。"这是一种很普通的境界，但很多企业家无法做到，却一味要求员工对企业忠诚再忠诚。但如果企业家对员工不忠诚，就别想让员工对你忠诚。惠普前任女掌门人卡莉对此感悟很深，她说："这是一个你每天都必须争取的事情。你就是不能说那是想当然的事情。信任和忠诚对我们来说是不可思议的竞争优势，但它需要你每一天都要去争取它、去保护它。"麦肯锡公司前全球董事长马文·鲍威尔在《领导的意志》一书中说道：领导者必须具备的品行，列在首位的是值得信赖。米勒指出，企业管理人员若能信任下属，下属就能更信任他。信任是一种交叉影响的反应，下属如果不相信管理人员，后者就不可能对前者信任、授权，使之参与管理，或是采用自我管理的方式。不信任下属的管理人员，就是未善尽本身的职责。

美国出版的《百万富翁的智慧》一书介绍，对美国 1300 万富翁的调查结果表明，成功的秘诀在于诚实，有自我约束力，善于与人相处，勤奋和有贤内助。诚实被摆在了第一位。日本松下公司强调，为了充分调动人员的积极性，经营者要具备对他人的信赖之心。公司应该做的事情很多，但首要一条就是经营者要给职工以信赖。人在被充分信任的情况下，才能勤奋地工作。在稻盛和夫的道德品质中，诚信也被摆在重要地位。从一定意义上来说，企业家信誉既是一种无形的激励，也是一种无形的约束。谁拥有良好的企业家信誉，谁就拥有丰厚的收益和理想的管理位置。同时，珍惜信誉和创造信誉同样重要，企业家职位上的任何懈怠敷衍、投机取巧、营私舞弊都是对未来职业生涯和机会的打击。因为没有哪位投资者愿意将自己的资产交给一个"庸才"或"内贼"去经营管理。由此，形成企业家信誉与企业家报酬、企业家前途与企业发展之间的良性循环：企业家会像爱护自己的眼睛一样爱护自己的职业信誉，企业会像追逐利润一样追逐有信誉的企业家。由于信誉成了企业家价值的标志，企业家之间的竞争实际就成了信誉的竞争，没有信誉的企业家谈不上是好的企业家。在当今信息社会，企业家信誉往往在企业界和社会上广为传播，不仅投资者会关注企业家信誉，其信誉更是为"猎头"公司所掌握。近几年来，在西方国家，包括总裁在内的高级管理人员越来越成为猎头公司猎取的对象。他们猎取的实际上是企业家信誉。信誉度高低是"猎头"公司评判企业家是否优秀的重要参数。

8.3　华为高管的"自我批判"型认知

2016 年，美国知名媒体 Business Insider 评选出全球薪酬最高的 20 家公司，中国华为公司以94.4万元人民币的人均年薪，排名世界第17位，也是唯一一家上榜的中国公司。华为员工的“三高”（高压力、高收入和高效率）是业界所共知的，进入全球薪酬前20名榜单，应该是意料之中的事情。美国通用电气前CEO杰克·韦尔奇曾经说过，员工工资最高的时候往往是企业成本最低的时候。因为工资最高不仅意味着企业找到了业界相对优秀的人才，还意味着企业人才激励工作比较到位。华为作为1987年成立的中国民营科技企业，在2013年就超越了瑞典爱立信公司，成为世界通信设备制造商的领头羊。华为目前在全球有241家子公司，业务覆盖世界170多个国家，以不容争辩的骄人业绩成为全球ICT领域的领跑者。简单来说，ICT是以IT（信息技术）和CT（通信技术）技术的充分融合以支撑信息社会发展的通信方式，它不仅代表了当今世界信息通信技术的最高水平和未来发展方向，也是目前全球专利申请最多和增幅最快的领域。例如，目前火热的大数据、云计算以及“工业4.0”和“智能制造”等国家战略，其实都和ICT技术密不可分。可以毫不夸张地说，ICT行业是全球技术最密集、竞争最激烈、发展最快、门槛最高的领域之一。华为公司成立不足30年，又有很多民企“先天不足”的屏障，何以在如此激烈竞争的领域成为全世界的领跑者呢？原因在于华为对于公司核心理念的坚守及坚韧不拔的“批判”型认知。

1995~1998年，华为组织了多位著名高校管理学教授组成的专家组，经过多次修改整理出了《华为基本法》，它全面地阐释了华为公司的价值观体系和管理体系，成为华为公司各部门的决策指南和行为准则。

核心价值观

追求

第一条　我们的追求是在电子信息领域实现顾客的梦想，并依靠点点滴滴、持之以恒的艰苦追求，使我们成为世界级领先企业。

员工

第二条　认真负责和管理有效的员工是我们公司最大的财富。新生知识、新生人格、新生个性，坚持团队协作的集体奋斗和决不迁就有功但落后的员工，是我们事业可持续成长的内在要求。

技术

第三条　广泛吸收世界电子信息领域的最新科研成果，虚心向国内外优秀企业学习，独立自主和创造性地发展自己的核心技术和产品系列，用我们卓越的技术和产品自立于世界通信列强之林。

精神

第四条　爱祖国、爱人民、爱事业和爱生活是我们的凝聚力的源泉。企业家精神、创新精神、敬业精神和团结合作精神是我们企业文化的精髓。我们决不让雷锋们、焦裕禄们吃亏，奉献者定当得到合理的回报。

利益

第五条　我们主张在顾客、员工和合作者之间结成利益共同体，并力图使顾客满意、员工满意和合作者满意。

社会责任

第六条　我们以产业报国，以科教兴国为己任，以公司的发展为所在社区做出贡献。为伟大祖国的繁荣昌盛，为中华民族的振兴，为自己和家人的幸福而不懈努力。

基本目标

顾客

第七条　我们的目标是以优异的产品、可靠的质量、优越的终生效能费用比和周到的服务满足顾客的最高需求。并以此赢得行业内普遍的赞誉和顾客长期的信赖，确立起稳固的竞争优势。

人力资本

第八条　我们强调人力资本不断增值的目标优先于财务资本增值的目标。具有共同价值观和各具专长的自律的员工，是公司的人力资本。不断提高员工的精神境界和相互之间的协作技巧，以及不断提高员工独特且精湛的技能、专长与经验，是公司财务资本和其他资源增值的基础。

核心技术

第九条　我们的目标是在开放的基础上独立自主地发展具有世界先进水平的通信和信息技术支撑体系。通过吸收世界各国的现代文明，吸收前人、同行和竞争对手的一切优点，依靠有组织的创新，形成不可替代的核心技术专长，持续且有步骤地开发出具有竞争优势和高附加值的新产品。

利润

第十条　我们将按照我们的事业可持续成长的要求，设立每个时期的足够高的利润率和利润目标，而不单纯追求利润的最大化。

公司的成长

成长领域

第十一条 只有当我们看准了时机和有了新的构想，确信能够在该领域中对顾客做出与众不同的贡献时，才进入新的相关领域。

公司进入新的成长领域，应当有利于提升我们的核心技术水平，有利于增强已有的市场地位，有利于共享和吸引更多的资源。顺应技术发展的大趋势，顺应市场变化的大趋势，顺应社会发展的大趋势，就能使我们避免大的风险。

成长的牵引

第十二条 机会、技术、产品和人才是公司成长的主要牵引力。这四种力量之间存在着相互作用。机会牵引人才，人才牵引技术，技术牵引产品，产品牵引更多、更大的机会。加大这四种力量的牵引力度，促进它们之间的良性循环，并使之落实在公司的高层组织形态上，就会加快公司的成长。

成长速度

第十三条 我们追求在一定利润水平上的成长的最大化。我们必须达到和保持高于行业平均的增长速度和行业中主要竞争对手的增长速度，以增强企业的实力，吸引最优秀的人才和实现公司各种经营资源的最佳配置。在电子信息产业中，要么成为领先者，要么被淘汰，没有第三条路可走。

成长管理

第十四条 我们不单纯追求规模上的扩展，而是要使自己变得更优秀。因此，高层领导必须警惕长期高速增长有可能给公司组织造成的紧张、脆弱和隐藏的缺点，必须对成长进行有效地管理。在促进公司迅速成为一个大规模企业的同时，必须以更大的管理努力，促使公司更加灵活和更为有效，始终保持造势与务实的协调发展。

我们必须为快速成长做好财务上的规划，防止公司在成长过程中陷入财务困境而使成长遭受挫折，财务战略对成长的重要性不亚于技术战略、产品战略和市场战略。我们必须在人才、技术、组织和分配制度等方面，及时地做好规划、开发、储备和改革，使公司获得可持续的发展。

由于人的教育背景、思维方式、成长经历的不同会导致个体认知带有极强的主观性，因此个体认知会存在局限性。理性的人通常会意识到这一点，也会采取各种方式去避免这种认知的局限。但是，并不是所有的人都愿意去挑战自己，也不是每一个人都能坚持到底。“艰苦奋斗”和“自我批判”是任正非两个最具特色的标签。这两个标签都源于内心深处的危机感。这种根深蒂固的危机感，便源自他对人性特点和历史规律的清醒认知。任正非在《在自我批判中进步》的讲话中提出：“一个企业长治久安的基础，是它的核心价值观被接班人认可，接班人具有自我批判能力。”这是任正非第一次提出“自我批判”的概念。任正非强调“自我批判”的着眼点在于自我反思甚至是自我否定。2000 年 9 月，任正非在华为中央研究部大会上发表了《为什么要自我批判》的讲话。在讲话中，任正非系统阐述了“自我批判”的思想。他说：“自我批判是自我超越的需要。要活下去，就必须超越自我；超越的必要条件，是及时发现并改正一切错误。改正错误的前提就是要敢于自我批判。只有不断地进行自我批判，才能使我们尽快成熟起来。我们不能为了批判而批判，为了全面否定而批判，是为了优化和建设而批判，批判的目的是公司核心竞争力的提升。”自我批判是使人进步的好方法，人在认真的自我批判中，不断地优化自己和总结过去，这样才能真正地塑造自己的未来。同时，“自我批判的阶段性和持续性要与周边的运作环境相适应，要坚决反对形而上学、机械教条的唯心主义，要实事求是地指出问题、解决问题。”最后，自我批判重在态度和行为，开展自我批判的目的不是让大家专心致志地去修身养性，或是对自我灵魂深处的革命，而是要求大家不断地去寻找外在的更广阔的服务对象，使其成为更有意义的奋斗目标。任正非不但勇于自我批判并且把自我批判作为一种领导者的关键气质。2001 年是华为飞速发展的一年，外界将那段时期称为是华为的春天。但在春天里，任正非在内部会议上却提出，华为要为过冬做准备。在华为近十几年的发展中，任正非三次强调华为要为冬天做准备。

第一次警告冬天

华为在 2000 年以销售额 152 亿元人民币位居全国电子百强首位的时候，其创始人任正非却大谈危机和失败。“十年来，我天天思考的都是失败，对成功视而不见，也没有什么荣誉感、自豪感，而是危机感。”也许正是这样，华为才存活了十年。2001 年，任正非在《华为的冬天》讲话中提到，为什么要倡导自我批判而不倡导互相批评？主要是为了避免组织内部之间的矛盾。不光是个人要进行自我批判，组织也要对自己进行自我批判。在自我批判中，各级骨干要努力塑造自己，逐步走向职业化、国际化。

第二次警告冬天

在 2004 年第三季度的内部讲话中，任正非再称，华为要注意冬天。在长达 13000 字的讲话稿中，任正非检讨、审视了华为目前遇到的严峻困难，称这场生死存亡的斗争，本质是质量、服务和成本的竞争。但与上次相比，此次冬天的预告影响力有所减弱，主要是任正非更加细致地探讨华为的内部问题。

第三次警告冬天

2008年，在危机意识洗礼了华为8年后，任正非又一次提及“冬天”。他说，要“对经济全球化以及市场竞争的艰难性、残酷性做好充分的心理准备”。并提醒员工：“经济形势可能出现下滑，高级干部要做好充分的心理准备。也许2009年、2010年还会更加困难”。任正非2008年在华为核心产品表彰大会上，做了《只有自我批判才能成为强者》的讲话。任正非提出，“是自我批判的精神使华为度过了一次又一次的生存危机，只有长期坚持自我批判的公司才有光明的未来。自我批判不是自卑，而是自信，只有强者才会自我批判，也只有自我批判才会成为强者。自我批判是一种武器，也是一种精神。”在这次讲话中，任正非解释为什么不提倡批判，而是提倡自我批判，“因为批判是批别人，多数人掌握不了轻重，容易伤人。自我批判是自己批自己，多数人会手下留情。虽然是鸡毛掸子，但多打几次也会起到同样的效果。”

任正非有一段著名的话：“资源是会枯竭的，唯有文化才会生生不息。一切产品都是人类智慧创造的，华为没有可以依存的自然资源，唯有在个人的头脑中挖掘出大油田、大森林、大煤矿。”在华为的冬天里，任正非指出了企业发展的八条原则：（1）均衡发展，就是抓短的一块木板；（2）对事负责制；（3）自我批判；（4）建立合理评价干部的有序、有效的制度；（5）不盲目创新；（6）规范化管理；（7）面对变革要有一颗平常心；（8）模板化是所有员工快速管理进步的法宝。

2013年，任正非在《用乌龟精神，追上龙飞船》的讲话中，再次提到自我批判的精神，宣称自我批判是拯救公司最重要的武器。他说：“这个时代前进得太快了，若我们自我满足，只要停止前进三个月，就注定会被历史抹掉。正因为我们长期坚持自我批判不动摇，才活到了今天。”为什么华为在全球市场上一路高歌猛进、势如破竹的时候，任正非总是不合时宜地大谈“冬天”，大谈“艰苦奋斗”，大谈“自我批判”呢？一些人认为，他是对自己过去苦难经历存在的“认知障碍”，具有典型的“强迫症”倾向；更多的人则对任正非的忧患意识和在成功面前表现出的沉着冷静无比钦佩。任正非本人的思想很少受到外界喧嚣的影响，不管别人如何评论，他依然故我，淡定如初。

作为一位民营企业家，能够一以贯之地坚持“自我批判”，的确是一种超越了商业行为本身的创新之举。因为任何人都会受到自我认知局限的制约。企业的基本元素是人，每个人的自我认知都存在局限性。对于任何一家企业来说，最重要的链条就是决策链，最重要的行为也是决策。如果决策失误，团队执行力越强的企业，造成的损失也越大。决策的制定取决于决策者对信息的认知和判断，也就是对信息的加工和解码，因此不可避免地受到个人认知局限的制约。企业在初创时期，规模小、人员少，决策链相对简单，高层领导对信息的认知比较直接，因此决策效率高、失误少。企业规模化以后，层级增加、环节增多、决策链复杂，无论是自下而上还是自上而下的信息都要经过多重过滤和筛选，信息有可能失真，有可能被屏蔽，这时候的企业决策水平取决于决策链上的每一个环节。一个节点出现错误，就可能造成一系列的错误。如此一来，企业的经营风险与日俱增。面对这种情况，企业该怎么办？流程再造、系统再造、管理优化都不能从根本上解决问题，要从根本上解决问题，只有先从思想上着手，通过企业管理者的认知重构，再通过制度和流程的监督和强化，让员工在态度和行为上出现真正的变化。

通常来说，越是在成绩面前，人越容易出现认知偏差。任正非第一次提出“自我批判”是在 1998 年，那时的华为正处于业绩连年翻番的时期，年销售收入已经近百亿元人民币。随着企业收入的高速增长，华为公司上下都弥漫着一种盲目乐观和骄傲自满的情绪。年轻得志的各级领导们颐指气使，痞气冲天，满嘴脏话；全员上下铺张浪费、弄虚作假、溜须拍马。甚至出现员工利用休息的空隙在酒店房间内赌博、刁难服务员，导致酒店投诉的事件发生。企业研发部门也出现工作不认真、BOM（物料清单）填写不清、测试不严格、盲目创新等造成的大量呆料、废料的行为。面对如此情况，具有丰富人生阅历和应变能力的任正非，有着清醒而冷静的认识。作为企业老板，他必须要在整个组织集体发“高烧”的时候，给自己、他人泼一盆冷水。

任何组织都必须强化对历史教训的认知。华为在成长的过程中也犯过很多决策性的错误，这些决策也大多是由任正非亲自拍板决定的。任何一家企业，如果没有一个良好的制度设计，犯错误是难免的。规避错误最好的办法，就是在企业处于上升期，老板还处于清醒状态的时候，完成企业制度设计，用良好的内部制度约束并规范组织中的每一个人。随着企业的成长，当制度的运作成为一种惯性时，老板即使头脑糊涂也不会再对组织运作有太大杀伤力。因此，“自我批判”就是对历史教训的重新认识，是一种面向未来的顶层制度设计。通常来说，组织的溃败一般都是从内部、从上层开始。苏联部长会议主席尼古拉·雷日科夫在反省苏联解体时说：“我们监守自盗，行贿受贿，无论在新闻、报纸还是在讲台上，都谎话连篇，我们一面沉湎于自己的谎言，一面为彼此佩戴奖章。而且所有人都在这么做，从内到外，从上到下。”一个在外界看起来无比强大的组织，其实在解体之前早已是行尸走肉、蛀虫丛生、千疮百孔了。这就是强大的苏联为什么会在一夜之间崩塌的原因。历史就在那里，又有多少人愿意从中吸取教训呢？任正非做到了，虽然他也曾为了企业生存被迫“为五斗米折腰”，但是随着企业的发展与壮大，他的眼界和视角也开始发生转变。他希望华为能够“长治久安，实现必然王国向自由王国的迈进”，希望华为的接班人必须具备自我批判的能力。因为他很清楚，只有各级领导时刻保持头脑清醒，时刻保持警钟长鸣，保持忧患意识，能够自我反省、自我否定，这样的组织才是最有生命力的组织。否则，危机随时都会到来。

事实上，没有一家企业在成长过程中不出现问题。很多问题都属于“成长中的烦恼”，可以在成长中逐步得到解决。长期成功的经验有可能导致管理高层的“权威性的认知风格”。在看待外界环境的变化时，他们套用习惯了的视角看问题，偏好与自己观点一致的信息来源，倾向确定性高的解释，剔除模糊性高的决策选择，沿用已经成功的商业模式，把“已知”与低风险、“未知”与高风险等同起来。他们往往忽略了危机的起因不是无知，而是已知的谬误。偏执和不容忍模糊性成为这类“权威性的认知风格”的典型特征。中国企业最擅长制造具体的产品，长期沉浸在“世界工厂”的做法中。面对庞大的厂房机器和模式化训练出来的员工队伍，企业高管难以接受自我否定的抽象思考。调查显示，单一的“权威性的认知风格”是中国企业管理的命门。中国企业的管理者在羡慕苹果和谷歌创造新价值和开拓新市场的能力时，未能领悟对方的管理思想和组织方式。

据世界知识产权组织2016年3月的公报显示，2015年，华为公司的国际专利申请在全球企业界连续两年高居榜首。截至2015年年底，华为在全世界范围内累计获得授权专利50377件。华为2015年发布的年报显示，2015年华为对新技术、新产品和无线通信标准的研发投入为596亿元人民币（约92亿美元），占销售收入的15%，比过去占销售收入的10%的比例有了大幅度提高。在过去的十年间，华为在技术研发上共计投入达到2400亿元人民币。持续在技术研究和科技创新上加大投入，使华为在ICT热点前沿领域取得了领先地位，拥有了很多现代人暂时还无法理解的所谓“黑科技”。在人工智能、未来数据中心、5G技术、电池极速充电技术等众多领域，华为已经当之无愧地成为行业的领跑者。华为，一个出身一穷二白的青年后生，短短30年竟然能够称雄于世界信息通信江湖之林。这些都是与任正非“自我批判”的开放心态分不开的。确实，承认有些事情自己做错了或者自己不懂，对于自我价值感和自信心很强的管理者来说是一个挑战，但是一旦承认了这一点，会让自己在这个阶段保持开放的心态，并且学到很多东西。首先，坦诚会使你有机会拓展人际网络，更全面地了解公司现状。拓展人际网络适用于多种情况和关系，包括客户、员工、合作伙伴关系。其次，可以增强自己的心理素质，让你在面临其他阶段的困难时可以迅速恢复。我们经常听到领导者抱怨：“这些糟糕的决策是谁做出的。”这种想法会使他们陷入恶性循环，会因为这个似乎很糟糕的决策苦不堪言。当领导者深陷这个循环以后，他们就会停止学习，转而不作为或者离开公司。他们不会再相信自己的直觉，开始把精力浪费在抱怨上。从表面上看，他们每天在从事新的工作，但实际上，他们的自我观念还是老一套，他们仍然是在固有的认知偏差下工作，认知不纠正，行动只会越偏越远。

没有经历过一两次失败的领导者从来都不愿意走出自己的舒适区，不愿意调整自己的身份定位，不愿意让自己更有耐心。这并不是说失败是有趣的或者我们要主动寻求失败。失败很具破坏性，接二连三的失败也会摧毁人的职业发展，甚至生活。那些过度自信、成绩卓著的人常常会犯两个错误，他们认为自己已经足够出色，完全无须担心处事之道。他们知道在之前的公司处理问题的答案，所以相信自己在应付新问题时同样也有答案。以往的成功常常会封闭住自己的学习通道。

如果任正非提出“自我批判”的思想只针对别人不针对自己，那的确会有作秀的嫌疑。如果任正非要求别人自我批判，而自己却刚愎自用、一意孤行，那自我批判可能就是内部斗争的工具。不过，当任正非多次在文章中剖析自己的时候，当他在内都民主生活会上进行自我批评的时候，尤其是他允许并保护华为员工在内部论坛“心声社区”上对公司进行批评的时候，“作秀论”和“工具论”便不攻自破。2011 年，任正非在文章《一江春水向东流》中，非常坦诚地进行了自我剖析：“2002 年，公司差点崩溃了。IT 泡沫的破灭，公司内外矛盾的交集，我却无能为力控制这个公司，有半年时间都是噩梦，梦醒时常常哭。”这种坦诚，不会让人觉得无能，只会让人更加尊重。更难能可贵的是，任正非对历史和未来都无比清醒：“历史的灾难经常是周而复始的，人们的贪婪，从未因灾难改进过，过高的杠杆率一定会推动经济的泡沫化，总有一天会破灭。”“我们既要有信心，也不要盲目相信未来，历史的灾难，都是我们的前车之鉴。对未来的无知是任何人无法克服的问题，但我们可以通过总结找到方向，并使自己处在合理的组织结构及优良的进取状态之下，以此来预防未来。死亡会到来，这是历史规律，我们的责任是尽力不断延长我们的生命。”因此，他用一句话概括自己的人生感悟：“人感知到自己的渺小，行为才开始伟大。”不得不说，这样的自我批判，就是对自己的一次人生救赎。这样的自我批判，才会影响他人，塑造团队，成就伟大组织。总之，任正非的“自我批判”思想，不仅是对人类认知局限的挑战，也是华为企业创新的机制保证。只有勇于自我批判、自我否定，才能不断化茧成蝶、涅槃重生，才能保证企业在持续的“否定之否定”中，实现从必然王国向自由王国的迈进。

人在经历生活或职业中的重大人生阶段时，需要留出时间和空间进行反思，然而中国公司通常不会给人这样的时间与空间。在很多公司里，员工不能停薪留职，不能停下前进的脚步，即便是为了更好地向前走。领导甚至连自己是谁、企业生存的目的都没有认真思考过。结果可想而知，当企业面对重大发展阶段时，根本不知道这些经历会给自己带来怎样的影响。甚至在企业竞争失败时，领导不承认或不知道为什么会失败。当领导者无法认清自己、感知自己时，他当然无法高效工作。更无法展现出热情、力量或信念。他们看不到自己行为的负面结果，拒绝反馈，无法应对压力，捕捉不到外界发出的重要信号，也就无法应对外界变化，而这一切都会给他的企业带来重大影响。只有当人们清醒地认知自己、接受自己，直面自己的缺点与不足时，才能展现出韧性和适应能力。

卓越的高管会从工作和职业发展的挫折中吸取教训，他们在面对困难和失败时，除了悲伤，更多的是反思、发现和总结。身处困境的经历可以教会他们很多，他们认为这是学习的机会，可以让自身的情商得到巨大的提升。美国学者在研究中发现：经历一个又一个成功的人在自己的专业方面可能会变得很精通，但他却不会成为一个卓越的领导者。而那些摔过跟头还取得了成功的人，才会从失败中获得洞察力，进而转换成领导效力。例如，当你在吃力地执行一项艰巨任务时，你才有机会分析为什么这项任务会如此吃力。如果你能反思并分析自己面对的状况，并坦率地提示自身的不足，那么你就会提升对你将来大有帮助的自我认知。

在思考怎样能够提高领导力时，大多数领导一般不会考虑去提升更强的自我认知能力或者更高的情商，而是考虑其他传统因素，如决策能力、战略眼光、管理技能等。或者认为只要能赚钱，能更好地完成任务并取得结果，我们的领导力就是高效的。又或者，领导致力于提高人际关系能力，认为领导力就是不断巩固各种人际关系。当然，这些观点都没错，只是这样的行为只能一点点地提高领导力的有效性。从本质上看，领导的应用技能、取得的结果和建立人际关系的方法，都是由其内心的自我意识决定的。但如果领导对自己的弱点采取视而不见的态度，则他必定会栽跟头，因此，只有提升自我认知才能从根本上提升领导力。任正非虽然有些被“神话”，但他毕竟带领企业取得了巨大的成功，华为真正值得外界学习的地方，未必是它的经营方式，也未必是研发和营销，而是在企业发展中形成的自我批判与自我修复机制。任何组织只要具备这种修复机制，就会在遇到困难时转危为安、东山再起，这种自我批判与自我修复的机制，才是组织创新最有力的武器。任正非在管理思想方面并没有多少创新，但这恰恰证明，华为和他本人都走在了正确的道路上：为什么要别出心裁、另搞一套所谓“自主”的管理思想呢？遵循常识就是坚持真理。

“中国百年振兴中国梦的基础在教育，教育要瞄准未来。未来社会不是以一般劳动力为中心的社会，而是一个智能社会，是必须由文化来驾驭的社会。我们要驾驭未来，就要做好基础教育，要大规模地培养人。今天的孩子，就是二、三十年后冲锋陷阵的博士、硕士、技师、专家和掌握现代化技术的农民，他们代表社会为人类做出贡献。因此，发展科技的唯一出路在教育，也只有教育。”这段话是任正非在2016年5月30日在全国科技创新大会上的讲话。任正非认为，在未来的二三十年内，全社会会爆发一场重大技术革命。这个革命的主要特征是：

第一，石墨烯的出现使电子技术发生换代式的改变；第二，人工智能会造成社会巨大分流，简单重复性劳动将不再需要，生产方式智能化；第三，生物技术的突破会带来巨大的信息社会变化。人类世界未来变成什么样子，现在还无法想象，但可以肯定的是，人工智能的突破会使两极分化得更厉害，资本雇佣机器而不再雇佣真人。未来的时代将不再是凭人口红利取胜的时代，而是后技术时代。这个时代最需要的是高文化素质的人才，中国如果再不重视教育，西方重新恢复制造，恢复竞争，中国跟西方不再有工业成本的差距，那么中国制造完全有可能垮掉，走向空心化。华为仅仅是一个商业组织，任正非不过是一个企业家，华为和任正非为什么不守“本分”而是多管闲事，成天惦记着基础教育呢？如果说这是一种企业家情怀的话，绝对不是功利性的，而是个人成长烙印的必然结果，是发自内心强烈使命感的驱动。企业作为社会组织，是优秀人才的使用主体，也最了解人才的内涵和价值。华为本着使命感和社会责任，帮助政府和教育部门去定义人才的培养方向和价值标准，不喧嚣，不机会主义。科学没有国界，但是科学家是有国界的。只有胸怀祖国，才能提升全员凝聚力、真正做强企业。华为总裁任正非把爱祖国、爱人民、爱事业和爱生活作为企业凝聚力的源泉。把企业家精神、创新精神、敬业精神和团结合作精神作为企业文化的精髓。

柯林斯指出：“管理是一个前进途中不时停下来为自己提出正确的问题并依据常识回答问题的过程。”真正的管理大师是征服自满情绪的胜利者，是引领工作团队向着构想迈进的开拓者，是发现问题、抓住机遇、打造未来的飞跃者。管理其实就是常识的概念化表征——其复杂性也正是因为常识的普遍性。体味了完整的常识，对管理者来说，就没有什么是难以把握的了。

8.4　外国优秀企业案例分析

8.4.1　美国默克公司

“我们从事的是改善和挽救生命的事业，我们所做的所有工作都必须以达成这个目标的成就来衡量”。这是 1891 年成立的美国默克制药公司的核心价值观。为了遵守这个核心价值观，默克公司在 1945 年之后把链霉素引入到日本，治疗了日本所有的肺结核患者。由于战后的日本百业凋零，当时默克公司在这件事上没有赚一分钱。可是如今，默克却成为日本最大的美国药企。1988 年，热带和非洲国家有几百人得了河盲症，这是一种传染病，这种病是由于人体组织里的寄生虫移到眼睛上造成失明。默克知道生产治疗这种病症的药品不会有很大的投资回报，因为病人买不起药品，但公司还是决定免费赠送药品给需要的人。为了确保药品送到病人手中，默克公司自己出钱出力直接参与分发工作。默克 1989 年向中国转让当时最为先进的基因工程——生产乙肝疫苗的技术，使中国 2 亿多儿童得到了保护。默克总裁魏吉罗表示，如果公司不实施这些计划，科学家的士气可能会受到瓦解，因为他们已经认定自己从事的是“挽救和改善生命”的事业。

20世纪20年代末期，默克公司的创始人乔治·默克就制定了公司的宏伟目标：“我们应当牢记，药物不是为了追求利润而制造，它是为人类健康而生产。只要我们坚守这一信念，利润必将随之而来”。默克坚守着“正直、对顾客和员工负责、奉献社会以及追求质量和完美的核心价值观。”乔治·默克曾立志要让他的公司成为世界知名企业，成为一个在医学上不断创新、造福人类、同时还能赚取利润的公司。但赚取丰厚的利润却不是公司首要目标，而是完成公司使命后的附带结果。1933年，默克公司的研究所成立时，乔治·默克说：“我们相信，持久、耐心的研究工作会带给公司以新的生命；在公司新的研究所里，我们会促进医学科学的进步，知识的增长，并使人类生命免于病痛。我们发誓会全力投入，使这个事业符合我们对它的信心；让你们的知识光照四方——以便追求真理的人，能够致力使世界更适于居住的人，高举科学和知识的火炬照亮社会和经济黑暗时代的人，都能得到新的勇气，觉得自己备受支持。”默克公司不仅创设了标准的工业研发中心，还制定了公司未来发展的胆大包天的目标，即要创造极为杰出的能力使公司能够与大学及其他研究机构平起平坐。而事实上，默克公司在创设这个研究所时，也刻意创造出某种学术气氛，研究所外观与大学极为相像，甚至这个地方很快被称为“默克校园”。不仅如此，公司没有把纯粹的研究深藏在重重门户之内，而是鼓励研究所的科学家在科学期刊上发表成果——这是吸引其他顶尖科学家的重大关键所在。默克还常常鼓励研究人员和默克公司以外的学术界及非竞争性工业研究机构合作，这一不寻常的做法实质上提高了公司研究成果的质量。默克还吸收杰出科学家进入公司董事会担任董事，并且建立一种双重职业轨道，让科学家获得晋升，进入管理层而在经济上没有损失。默克甚至在招聘资料里列出了旗下研究人员发表的论文明细，就像学术机构列出教授发表的论文明细一样。公司的一位科学家说：默克像麻省理工学院、哈佛大学或任何其他学术机构一样，在研究方面名声显赫。你必须乐于全心研究你那门科学。

为了进一步鼓励科学家勇于探讨和实验，默克尽可能多地让科学家“自由地从事他们的调查，给他们最大的自由去寻找希望的种子，不管他们从事的工作与利润回报有多么不相干。”默克与其他大多数美国企业不同，禁止任何营销因素干涉纯粹的研究程序，除非产品已经明显地进入了开发阶段。就像前任CEO魏吉罗所说的：“我们要保证所有的基础研究工作都交给研发部门控制，营销部门在产品试验之前不要对他们有任何干预。我们不希望有关市场潜力和市场占有率的问题介入能够带来重大突破的科学研究和实验中。”虽然像这样的做法，似乎是违背了一般的商业信条，但却在默克保持了60年。在具体的研发事务上，默克决不会以规划和预算作为控制的工具。默克公司针对不同产品成立了多个产品研发小组，明确提出不设预算。小组领导（组长）必须能够说服具备不同专长的人加入到小组中，将他们的能力奉献给这个计划。这种程序也创造出“适者生存”的选择过程：只有最好的计划才能够吸引资源，较差的计划最终会灭亡。和大多数多元化发展的制药企业不同，默克一直采取不同寻常的发展策略，甘愿成为制药行业中多元化程度最低的公司，而把所有精力都放在发明突破性药物的能力上面。他们不但甘于遵守自定的规则，还要求新产品必须要超过竞争对手的产品，否则就不允许上市。而这是一种风险极高的战略。如果研发不出好的产品，生产就有可能处于长期的干涸期。

默克不仅要求员工卓越和进步，公司本身也一直致力追求卓越和进步。到默克求职远比申请到其他研究所工作困难得多。默克会要求来公司的求职者递交很多介绍信，以证明他们有能力胜任公司的工作，就像要申请就读美国顶尖学府一样。默克在招募、挽留和开发人才方面进行了大量投资，用挽留和招募顶尖人才的能力来考评人事经理们。到 19 世纪 80 年代，默克公司拥有业界最低的 5% 员工流失率，而同期美国员工平均流失率为 20%。默克日复一日、年复一年地持续贯彻公司的核心理念，这一点不仅体现在招聘资料、股东报告、员工手册、史料录像带和公司自行出版的书籍里；还体现在经理人的演讲中、提供给外界的报纸杂志中、新员工的培训课程中以及在无数内部杂志和通讯里。想在默克工作，根本不可能不浸润在公司的核心理念里。公司的理念渗透在所有的事物当中，而且持续了将近一个世纪。默克的科学技术主管杰弗里曾经说过：“我来默克之前曾经在美国的另一家大企业工作。这两家企业间有着根本差别，以前那家企业高举着价值观、宏图大志的大旗，但表达与行动之间有着很大差别。但在默克公司，两者之间则没有差别。”

默克公司在创立 100 周年纪念时曾经出版了一本书《价值观与梦想：默克百年》。从书名上你根本看不出默克公司做的是什么事。默克可以把书名定为《从化学品到制药公司：默克百年财务成就》，但是公司高层没有这样做，反而去强调公司在 100 年的历史长河中一直是由理想指引和激励的公司。乔治·默克二世在 1935 年就曾指出：从事医药制造的人真正受到了“促进医学进步、服务于之的理想”的激励。到 1991 年——默克创建 56 年、整整三代领导人之后，默克总裁罗伊·魏吉罗说道：“我们一定要记住，战胜疾病和协助人类是我们一切工作的目的。”

通过默克公司的成功之路可以看出：高管团队认知对公司成长有着不可替代的作用。文中提到默克公司的研发部门控制了所有的基础研究工作，营销部门在产品试验之前都不能对研发部门有任何干预，这体现了高管团队认知中的创新意识。文中还提到，和大多数多元化发展的制药企业不同，默克采取的是不同寻常的发展策略，甘愿成为医药业中多元化程度最低的公司。这与第 5 章中高管团队资源配置多样性与公司成长性之间呈反向关系的结论一致。而默克对核心理念的严格执行，则体现出了高管团队认知中核心理念与高管诚信的重要性。

8.4.2 美国迪斯尼公司

美国迪斯尼公司于1923年创立，其产品从最初的廉价卡通片到整部动画电影，从米奇俱乐部到迪斯尼乐园。21世纪他还可能创造什么奇迹，谁也猜不着，但他永远都没有超越“带给千百万人快乐”的核心理念。

来迪斯尼工作的所有员工，无论是处于哪个职位、阶层，都要求参加迪斯尼大学的新员工培训课程。迪斯尼设计这样的学习，目的是想让新来的人清楚迪斯尼的经营理念、传统和做生意的方式。即使是要进入迪斯尼乐园工作的论时计酬员工，迪斯尼公司也特别注意筛选和社会化。对于新招募进来的员工，哪怕仅仅是清洁工，也必须通过两个口试官主持的筛选。迪斯尼公司在19世纪60年代，曾要求所有应聘人员参加多次性格测试。对于脸上有毛的男性，化浓妆或耳环摇摇晃晃的女士，干脆不必去应聘，因为迪斯尼有严格的仪容规定。早在19世纪60年代，迪斯尼乐园在雇用新人方面，就实施过严格符合公司理念的方针。1967年，理查德·希克在他写的《迪斯尼电影》里，曾经对迪斯尼乐园的员工作出过描述：乐园里的员工穿着统一，女孩大多为金发、蓝眼、温柔沉着的类型，男孩则是善于运动、矫健阳光、乐观积极的类型。所有新进迪斯尼乐园的人都要接受一系列培训，迅速掌握一种新语言：员工是“演员表上的演员”，顾客是“贵宾”，群众是“观众”，值班是“表演”，职务是“角色”。职务说明是“剧本”，制服是“戏装”，人事部门是“分派角色部门”，当班是“在舞台上”，下班是“在后台”。这种特殊的语境方式使迪斯尼员工的工作心态得以强化。在此之前，迪斯尼将精心编写的剧本作为新人培训的必备内容，由专业的“培训员”，用有关迪斯尼历史、特征和神话的问题做练习，连续不断地在演员表上的新人脑海里灌输和加强公司的基本理念。

员工在迪斯尼大学要学习教科书，书的内容包括下面一些警语：“我们在迪斯尼乐园里会疲倦，但是，永远不能厌倦，而且，即使这一天工作得很辛苦，我们也要表现出快乐的样子。必须真诚的展现我们的笑容，必须发自内心——如果什么东西都帮不上忙，就请记住：我是领薪水来微笑的。”经过这样的培训之后，迪斯尼的每位老员工都和一位新员工搭配，清楚了自身工作的细微之处，以便进行下一步的社会化训练。迪斯尼在公司上下都规定了严格的行为规范，要求每一位员工迅速改掉不适合个人角色的个性。美国《培训》杂志曾指出：“在迪斯尼里，新进人员的所有时间都经过了严格规划，新员工在培训结束后，刚上工的一些日子里，整天忙着试戏装、演练剧本和与其他同台演出的演员交流。精心排练和彻底的程度和演给乐园来宾看的任何表演相比，这一切没有两样。”

迪斯尼保存理念和自我形象的狂热，在主题公园里表现得更突出，但是，也远远地延伸到了主题公园之外。公司所有员工都必须上迪斯尼传统的培训课程。一位斯坦福大学 MBA 学员利用暑假期间去迪斯尼做财务分析、战略规划和其他类似的工作，事后他曾经描述说：刚到迪斯尼公司报道，我就领略出了沃尔特·迪斯尼梦想的魔力——迪斯尼大学利用录像带和“仙尘”技术，让每个人分享沃尔特·迪斯尼的梦想和“迪斯尼世界”的魔力。在迪斯尼博物馆还收藏着沃尔特·迪斯尼的历史，让演员同仁感同身受。接受培训后，我站在米老鼠大道和多皮大街交叉口，感觉着公司的魔力、感性和历史。我信仰沃尔特·迪斯尼的梦想，并且和组织里其他人分享这个信仰。

迪斯尼公司里的任何人如果敢于嘲笑或公然抨击公司的理想，那就绝对不能在公司里生存下去。公司出版发行的期刊不断强调迪斯尼公司“与众不同”、“特别”和“独一无二”的“神奇”，连写给股东看的年报都经过了加料调味，使用“梦想”、“乐趣”、“兴奋”、“想象”、“欢乐”以及“魔力是迪斯尼公司的根本精神”之类的文字。迪斯尼内部的运作大多都秘而不宣，这更增添了神秘感和精英意识，只有深深处于“内部”的人，才能在幕后窥见“神奇魔力”的运作情形。例如，除了发誓保守秘密的特定演员之外，谁也不可能知道迪斯尼乐园角色的训练；想采访迪斯尼的记者都遭遇过守门人的拼命抵抗，迪斯尼不让这个“神奇王国”的秘密外泄。一位作家说过：“迪斯尼是一家封闭得让人奇怪的公司。他们严密地控制着一切，那种疯狂偏执程度之高，是我这么多年以来写美国企业消息所罕见的。”

迪斯尼塑造全世界儿童都崇拜的卡通形象，筛选和培训员工的程序以及对管理流程和运作程序的保密程度，都有助于建立一种教义般的信仰，这种信仰甚至复制到了顾客身上。有一位对迪斯尼产品忠心不二的顾客，某次在一家零售店里看到了一个略为褪色的迪斯尼卡通玩偶，便不满地说道：“如果迪斯尼叔叔看到了玩偶，一定会觉得羞愧。”的确，人们在审视迪斯尼时，心里往往忘记了它是一家企业，而不是一种社会或宗教运动。乔·福勒在《神奇王国的王子》一书中曾经这样写道：这不是迪斯尼公司的历史，而是人类衷心为价值观、为理想和希望奋斗的历史。这些价值观都是世间男女愿意牺牲生命而去奋斗的东西，是一些有时容易消失，有些人可能斥之为愚蠢的理想信念；但它却是如此深刻，以致很多人愿意去学习、愿意去奉献一生实现的价值观。人们在价值观似乎遭到侵犯时还愤愤不平，在防卫价值观时又变得诗意盎然、奋发向上。这就是“迪斯尼”这个名字给人留下深刻印象的地方。大家评价迪斯尼从没有出现过中立的看法——沃尔特·迪斯尼不是骗子就是天才，不是典范就是伪君子，不是江湖医生，就是世世代代儿童热爱的老爹。

事实上，迪斯尼像宗教一样的文化能够追溯到其创始人沃尔特·迪斯尼，他曾把自己和员工的关系看作为是父亲和子女的关系，要求员工对公司的价值观必须无亏无愧地忠诚，希望员工全心全意地奉献。他认为，迪斯尼员工如果违反了诚实的错误，可以得到第二次、第三次甚至第四次原谅，但若是违反了公司神圣的核心理念或行为不忠——那可不能原谅，要立即被开除。照马克·艾略特在《沃尔特·迪斯尼传》里的说法："要是有人胆敢不小心在沃尔特·迪斯尼和众人面前说了一句脏话，那么他会立刻被开除，不管这样做会造成业务上的哪些不便，结果都是这样。"迪斯尼创始人把公司规则和控制的尊崇转化为了具体的做法，从迪斯尼员工的仪表仪容到员工的招聘培训，从迪斯尼乐园的景色安排到对公司流程的保密，每项工作都制定得一丝不苟，都能够看出沃尔特·迪斯尼的执著追求——使公司必须完全在核心理念的规范下运作的精神。

如今迪斯尼公司每年都会推出几部大型电影，2016 年，迪斯尼影业的全球票房已经突破 70 亿美元大关，在全球票房前十的影片中，迪斯尼独占 5 部，票房排名前 4 位的全部出自迪斯尼公司。迪斯尼的动画电影不仅小朋友喜欢，成年人也非常爱看，它真正做到了"带给千百万人快乐。"笔者对坐落于中国香港和上海的迪斯尼乐园进行了实地考察，并深深地被迪斯尼文化所吸引。在乐园里，不同肤色、不同年龄、不同语言的人们拿着迪斯尼乐园的地图在排队坐过山车，排队坐旋转木马，成人满脸的轻松，孩子们洋溢着兴奋和快乐。常听人们说，迪斯尼乐园的门票、餐票很贵，但每年不远千里来迪斯尼乐园游玩的人们仍然络绎不绝。即便是笔者本人，虽然身在内蒙古，但只要有机会，还会带孩子去迪斯尼乐园。笔者感到，迪斯尼乐园不是一家企业开的，更像是美国政府办的，因为在迪斯尼的每个角落，都能感受到美国价值观的存在。正如迪斯尼公司使命中所描述的，它不仅带给千万人快乐，还宣传了美国价值观，孩子们因为迪斯尼乐园而向往、喜爱美国。在迪斯尼乐园，人们看到的不仅是迪斯尼公司的文化，甚至看到了美国的希望和未来。迪斯尼公司近几年推出的大电影《超能陆战队》、《疯狂动物城》等，每年的票房排名都是全球第一，电影里的大白、树懒和小兔子等的卡通形象，不仅成为全世界孩子们的最爱，而且为迪斯尼带来了丰厚的利润。如果没有一个宽松自由的创作环境，没有对公司核心理念的一贯坚守，他们是创造不出如此高质量的电影的。

8.5 案例启示

通过上述中外公司的案例分析可以看出，无论是中国的华为，还是外国的默克和迪斯尼，他们都在坚守一个永恒的核心理念，为利益之外的追求而努力，并能不断自我更新。它们不但可靠，而且遵守原则；它们不想引人注意，却为人们创造工作机会、增加财富，并为社会做出巨大贡献。它们不断地为人们提供优越的产品和服务，但它们不是因为产品和服务而伟大，是因为它们的理念，它们因坚守的企业精神而伟大。所有产品的服务都会过时，但为人类、为社会的美好而努力的精神永远不会过时。中西方学者在对群体行为目标进行分析后指出：有明确目标的群体做一件事情比个体做一件事情坚持的时间要长久得多；一个人走路可能会很快，但一群人一起走会走得更远。中国学者包立峰（2012）指出：企业经营之本在于凝聚人心，经营使命是为了成就人格，真正的管理是无为而治，即没有“管理”的管理；如果把“经验管理”看做是“人管人”，把科学管理看做是“制度管人”，那么文化管理就是更高层次的管理方式，他关乎人性，是对“人心”的经营。因此，与其把文化管理看做是一门科学，倒不如把他看做是一门艺术。企业进行文化管理的过程就是企业“人性化”过程，把人当做企业主体，就是把“人”作为企业的中心。企业文化的人性化过程就是使企业成为同“人”一样的有机体，即企业同人一样具有社会属性。如果某个人内心没有渴望长大的种子，他就永远长不大，企业也一样。如果人类的生存目标是健康发展和种族延续，那么企业的使命就是自我良性发展和生存延续。从这一点来看，企业需要盈利的同时还要实现自我价值。因此，企业不仅要生产产品、追求财富，还要生产快乐、造福社会。一个健康的企业要生存得有意义、有价值，就必须要有超越赚钱之上的理想和追求，即企业不仅要创造积累物质财富，更要创造积累精神财富。

其实，企业的文化才最能体现出国家的文化，全社会的核心价值观只有通过企业的贯彻执行才能真正得到有效履行。在我们生活的周围，经常出现某某小老板“跑路了”，某某公司资产重组，被收购又被卖掉了。这样的情况之所以发生，笔者认为正是由于某些企业缺乏目标感、缺乏核心理念的引领和激励，企业除了赚钱以外，找不到其他生存目标，只有不择手段地去赚钱。因此，构建一个合适的核心理念，成为企业成长的重中之重。所有的领导者，不论多么有魅力，最后都会去世。但是，一家拥有核心理念并严格贯彻执行的公司却不会灰飞烟灭。只要这家公司能够凝聚人心，年复一年保持创新的激情与活力，公司就不会衰败。

第 9 章　高管品质与企业家精神

9.1　企业家精神的重要性

世界上的任何人都是影响着别人和被别人影响着的。影响别人行为的举动，谓之“领导”；而影响别人行为的能力便是“领导力”。因此，领导力的本质就是一种人际关系，就是一种影响力。在《新教伦理与资本主义精神》中，韦伯指出：透过任何一项事业的表象，可以在其背后发现有一种无形的、支撑这一事业的时代精神力量；在一定条件下，这种精神力量决定着这项事业的成败；资本主义的兴起源于将工作视为天职的新教伦理精神。根据韦伯的假设，企业中的工人同样需要一种“文化”化了的道德理念的支持。研究企业家精神的国际权威学者吉尔德指出：资本主义是一种精神与观念，精神和信仰才是企业家的生活方式。在西方，企业家精神已经成为企业创新和区域发展研究领域炙手可热的语境。经济学家试图用它来解释中小企业对区域经济发展的作用，管理学家也想用它来揭开企业创新、持续发展的深层机理。

熊比特 1910 年首次提出企业家精神是推动经济增长的主要因素，是开发新产品、创新生产方式的决定力量，此后，企业家精神获得学界广泛关注。中外学者从企业家“特质”与“行为”两方面对企业家精神展开研究，特质研究的代表性学者 Miller 提出，企业家精神包括产品或过程的创新力、关键决策的风险承受力和敏锐感知环境变化的事前应变能力；Morris 将企业家精神分为冒险、创新和主动三个构面；Lumpkin 与 Dess 将企业家精神分为创新能力、自治能力、积极竞争能力、事前因应能力和风险承受能力。大多数研究者使用 Morris 提出的划分方法，由于研究者的偏好不同，学者们会加入不同的构面变数使企业家精神内涵得到扩充。中国学者林左鸣和吴秀生指出：企业家精神的实质是进取、契约、创新、诚信、敬业、奉献和民族精神。何树贵提出企业家精神包括：敬业、创新、拼搏、节制、合作、人才意识和远见卓识。企业家精神描述的是企业家的一种特有的气质，它能够使企业从无到有、从小到大，通过有效的管理和创新，跨越企业成长过程中的种种障碍。企业家精神的精髓是企业家对组织成长持久不息的渴望以及所具备的随机应变的能力。正是这种渴望使企业家不断追求技术和制度上的创新，而随机应变的能力则帮助企业家敏锐地把握市场脉搏，并迅速通过管理和创新推出最适应市场的产品和服务。这就是市场经济下企业生存壮大的一幅惊险刺激的图景。

美国管理学会曾对 1500 名管理人员作过调查，发现优秀管理者必备图 9-1 所列的内在品质和精神传导。这些内在品质作为企业家精神的载体，又通过企业文化、创新变革、利润能力、公共关系、社会服务等表征体现出来。

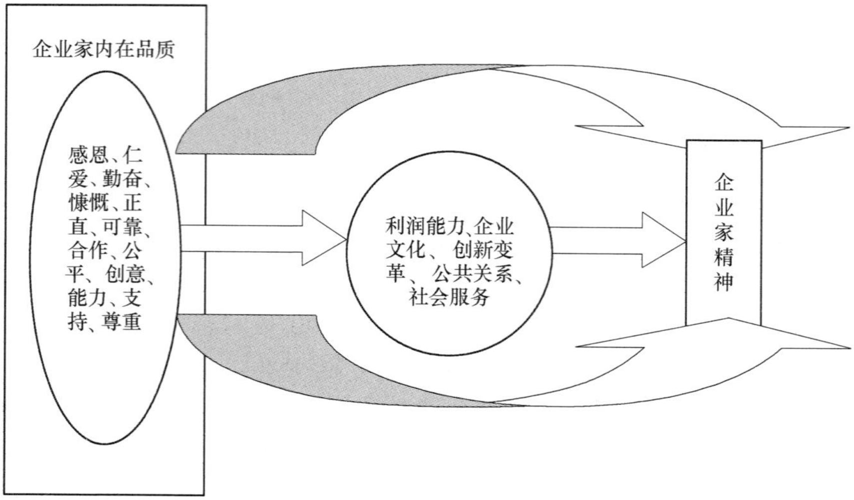

图 9-1　企业家内在品质与企业家精神传导

中国企业家应该成为既具有中国灵魂又拥有世界胸怀的现代人。而企业家精神是领导者的圣经，是企业的达 · 芬奇密码。处在一个转型中的国家，中国企业家亟须自己的精神教父，发展自己的战略思维，拓展自己的国际化视野，厘清自己的社会责任，提升自己的领导力。企业家精神的状况在很大程度上决定了一个国家的品质。但长久以来，中华民族不仅忽视企业家精神的价值，甚至于在较长的时间内，对其采取批判的态度；直到今天，关于企业家精神的舆论及政策导向，还存在很多不正确的地方。实际上，能力决定目标，精神决定目的，企业家要成就自己的事业，不仅需要能力，还需要软性力量，这就是企业家精神。从根本上说，企业家能力只回答企业家应该如何做的问题，而并不回答企业家应该做什么的问题；后者是由企业家精神分析来回答的。也就是说，企业家能力并不具有价值判断性，而企业家精神则提供了价值判断的依据。

如果说改革开放政策使中国人在精神上欢欣雀跃，在实践中勇往直前。但在改革开放 40 年后的今天，要概括大多数中国企业家的生存与发展现状，最恰当的一个词是“迷惘”：40 多年的努力，全国还没有造就应有数量的世界级企业家，在经济、科技、教育等诸多重要行业，中国与发达国家的实质性差距仍存在。另一方面，发展中还出现了许多意外的负面效果，如环境危机、能源危机、生态危机、道德危机、文化危机等等，面对众多的危机与冲突，整个社会也只是在继发性的被动应付，仍然缺少防范性的主动应对。在这样的背景下，中国企业家很容易出现精神上空虚、实践中盲从，经常会处于方向不明、目的不清的窘境。这种以价值体系缺失所导致的方向“迷惘”感是一种巨大的危险，严峻地叩问着每一个企业家：身处这样一个迷惘的时代，我们该如何进行价值体系的重构？

当代中国企业家最缺的不是能力，而是精神，企业家精神在中国企业处于埋藏状态。中国有很多知名企业，但很少有人知道这些知名企业的企业家是谁。由于企业家精神的缺失，中国企业家的能力难以得到应有的提升，甚至导致阻碍与削弱。中国未来如果没有自己的迪士尼、自己的乔治·默克等，就不可能成为真正的强国。吴春波教授指出：遍寻中国企业，除了那些大型或特大型和以各式垄断而得“名”的国有企业外，我们很难找到一家以企业精神为统领，依靠企业自身创新能力真正做大、做强的中国企业。著名学者丁栋虹指出，用企业家精神塑造中华民族精神是现时中国的大亟！而培养企业家精神不是企业家个人能够完成的事业，社会的每一个成员都是关键因素，社会的每一个组织都有重大责任。一个没有信仰的国家是没有前途、没有希望、没有发展的。中国必须找回自己的核心价值观。

彼得·德鲁克在研究了689家企业后发现：一个企业所能依赖的只有企业精神，而这种企业精神的实质往往受到企业领军人物核心价值观的影响。企业领袖的精神是企业生存和企业基业长青强有力的心理支撑，领袖精神影响到企业文化的形成发展和企业重大政策的制定落实，是企业的核心理念、经营哲学、管理方式、用人机制、绩效评估、职业发展以及企业行为准则的总和。

发达国家的企业家绝大多数具有自己的信仰（主要是基于宗教，尤其是基督教），而中国企业家在现实中精神层面的最大问题所在是信仰缺失或虚置。当代中国精英正在遭遇精神困境。因此，精神信仰的建构就成为当务之急。精神的诉求现在已经超过经济的诉求，上升为国家的第一诉求。由于企业核心价值观的缺失，使得企业结构性改革呈现出无机胶水的胶着状态，企业没有前进的动力和方向，整个社会呈现着一种集体无意识感，许多人精神空虚、寂寞、毫无寄托，虚无主义以及荒诞主义、迷信盛行。

不仅仅是企业家需要企业家精神，所有的非企业家都需要企业家精神。人在肉体上有什么差别？人的外在有多么重要？人也可能体残，也可能智残，但只要有了这种以道德、创业与创新为内涵的企业家精神，他就是一个真正的人！他的人生就会有意义，工作就会有目的，尽管过程会艰苦，甚至曲折，但最终会创造价值。人类社会正是由这种人引导并推动发展的。一个国家精英集团的基本品质往往就是这个国家的基本品质。企业家精神确实不只限于精神领域，在现代管理学之父德鲁克看来，它已经拓展到国家建设的各个方面，是整个社会进步的杠杆。企业家精神启发了人们对于国家的梦想。在发达国家，企业家的价值观、思维模式越来越被认可，被运用在医疗、高校、第三方组织等各个领域，政府也受到影响，越发讲求效益、经济人理念甚至企业化运营。世界需要一个健康的中国。中国面对世界的方式需要健康而清醒。中国不仅要在经济上崛起，也要在精神世界扫清污泥浊水，成为世界诸国里一面光辉的旗帜。

日本著名企业家松下幸之助认为，一个企业的兴衰 70%的责任由企业管理者负责。美国学者对有关统计资料的分析发现，每 100 个新企业中，约有 1/2 在 2 年内倒闭，5 年后约剩下 1/3，企业失败的原因在于企业负责人管理不力。中国新建企业的存活年限远远低于美国，其原因在于中国缺少真正具备企业家精神的管理者。真正的企业家必有具备人类文明所推崇的伦理道德。西方媒体推崇的企业家几乎都是优秀道德的表率。在国内却恰恰相反，“无奸不商”被看做是正常的经营方式，企业管理者只要能赚到钱，就是“英雄”，至于他的品行如何都无所谓。经营者们只想着用最快的方式赚更多的钱，他们等不及通过创新带来的收入，致使中国“企业家精神”特别稀缺。乔治 · 吉尔德在《重获企业精神》一书中指出，资本主义在制度层面最为精髓的思想内核在于：持续激励人以最大程度的工作热情和效率，投入到创造更大的社会价值当中。这一理念对于在当下中国建立正确的社会创富观有着极强的借鉴意义。中国企业家供给不足导致大多数企业由非真正的企业家掌管，大量的厂长、经理不理解现代企业制度，不熟悉、不适应市场经济体制，不善于使用现代管理方法和手段，不懂得资本经营，不懂得人力资源发展策略，甚至不知道企业经营的法律法规。这些名义上的企业家实际上明显缺乏企业家能力。中国大多数企业高管，都存在固有的传统认知，认为管理者的职责就是监控、监视和监管，只要能监督下属正确地工作就可以了。大多公司管理者日常忙于参加高层会议，对于基层工作，例如工厂运行与职能部门运转正常与否并不了解。高层管理者们将自己关在象牙塔里，平常互相自抬身价，且自以为是地评论外面的世界。这些人大多擅长撰写文书，甚至可以编制出各种精美的表格、图形等，但却对顾客、产品及服务知之甚少。有些高级经理人日常沉溺于写文书中，失去与现实的联系，渐渐与外界脱节，对外界的反应速度愈来愈慢，最后沦落到被淘汰的命运。据调查，目前中国民营企业管理者中有超过 30%工作生活在心理紧张与痛苦之中；加上国有企业中真正负责和承担风险的所有者约束缺位，中国企业家生存现状令人堪忧。身处在这样一个物欲膨胀、信仰缺失的社会，中国企业高管该怎么办？中国社会应该建立一个怎样的社会财富观，才能使人们更加和谐、社会更加公正、经济发展效率更高，这是当前中国需要解决的关键问题。

9.2　公司核心理念的制定

美国前国务卿基辛格指出：“谁控制石油，谁控制世界。谁控制粮食，谁控制人类。谁控制资源，谁控制地球。谁控制文化，谁控制未来!”南怀瑾先生沉痛地说：“一个民族，一个国家，不怕亡国，因为亡国可以复国，最怕是把自己文化的根挖断了，就会陷于万劫不复。我们看看古今中外的历史，一旦国家文化亡了，即使形态存在，但已动摇了根本，难以翻身，这是一定的。犹太人虽然亡了国，但立国的文化精神始终建立在每一个犹太子民的心目中。文化看起来是空洞的，但它是一个国家民族的历史命脉。”通常来说，新经济的企业文化越是提倡“个人主义”，企业就越容易涌现出创造精神。决定企业创造精神的关键，在于领导这个企业的高管是否有能力，把这些富于创造性的个人主义者恰当地——以收入分配、长远利益、产权结构、个人感召等手段组织“企业”。企业家的职能是组织和扩展“人们合作的秩序”，就是把各种可利用的组织手段整合成为一个和谐的“组织”，正因如此，企业会显现出企业高管本人的“个性”。即有什么样的企业家，就有什么样的企业文化。企业家具有什么样的价值观，企业就有什么样的核心理念，企业的核心能力永远存在于核心理念当中。企业高管的核心理念构成了企业文化的基石，决定了企业文化与社会文化的基调。那么该如何制定公司的核心理念呢，下面将就这一问题展开讨论。

9.2.1 如何制定核心理念

9.2.1.1 发现而不是创造核心理念

企业核心理念应该是发现而不是被“创造”出来的，这是制定核心理念的要点之一。核心理念的制定不应源于对外部环境的观察，而应源于自我的内在审视。我们不能人云亦云地去编造一个核心理念，而是要理智地去分析我们真正想要的“是什么”。我们不应该问“我们想拥有什么样的核心理念”，而是要问“我们真正拥有的是什么”。两家不同的公司完全可能拥有一样的核心价值观或者使命，区分两家公司的不应该是核心理念的内容，而应该是核心理念的真实性，遵守核心理念的纪律性和一贯性，以及它们之间的配合程度。就像是对人的区分，让你与众不同的不应是你信仰什么，应该是你相信的程度。当你真正清楚地信仰一种东西时，你自然会长时间的保存它，当然也会以同样的方式把这种信仰融入你的生活当中。

公司的核心理念要对内部的人有意义，才会有激励作用，它不需要让外部的人为此感到振奋。只有本公司的员工需要核心价值观与使命的敦促，并激发他们长期为公司的成功努力服务的热情。核心理念对公司外部人所起的作用相对次要，因此外部人不能成为确认核心理念的决定因素。在这里，核心理念实际上起到了区分公司内部人与外部人的关键作用。一个表达准确、清晰的理念，应该会吸引有同样价值观的人来到这家公司，同时排斥那些与之相反的人。

9.2.1.2 实质重于形式

阐明核心价值观，核心使命不是在玩文字游戏练习。一家公司也可以在不同的时间里用不同的语言来表达核心理念。因此，表达核心理念的重点应该是抓住实质，抓住核心价值观与核心使命的精髓，不能是为了载入史册而写出咬文嚼字的完美宣言。理念的重点不是创造一个动听的“宣言”，而应是深刻地理解和尊重公司的核心价值观和核心使命。而一旦你选择了这个核心理念，你就可以改变除此以外的一切事物。

一家秩序良好的公司更像是精美的艺术作品。你可能不知道究竟是哪一点使艺术作品表现完美，因为整个作品的所有细节都互相联系、协调一致，才会创造出完美的整体效果。要想使某件作品经受住时间考验，不仅仅是大的地方要求完美，连细枝末节也应如此。诚如伟大的建筑师范德罗曾经说的：“上帝的伟大就在于细致。”企业员工也不是每天在“大环境”里工作，更多是在处理公司和业务的细枝末节。这么说并不表明大环境无关紧要，而是强调小节会形成重大印象，会发出更加有力的信号。

9.2.1.3 组织上下协调一致

企业长存的根本在于整个企业的所有层面结构都能坚守核心理念和追求创新的精神，这种理念和精神要能够转化为企业战略、目标、政策、习俗、文化习性以及管理行为当中，换言之，转化到公司的一切行为当中。公司要具有包容所有员工的心态，能够坚持向成员灌输相同的、互相强化的信息，使每一个人都不可能误解公司的理念或抱负。公司追求的是协调一致和互相关联。公司的一切工作都是靠内部的方针指引，而不是靠外界的力量。

如果你发现自己的公司，有多种事项都与核心理念不相符合或是妨碍了创新进步，例如，组织结构是否妨碍了进步？组织政策是否妨碍了变革和改进？公司的激励制度是否奖励了不符合核心价值观的行为？公司目标和战略是否驱使公司脱离了基本目的？办公室和建筑物布置是否阻碍了进步？公司的不协调会驱使其脱离核心理念或是妨碍进步，而组织上下追求协调一致不仅仅是增加新事物的过程，更是发现和坚决改进不协调事物的无休止过程。如果组织策略和核心价值观不协调，就必须改变策略；如果建筑物的布置妨碍进步，就改变布置或搬迁；如果组织内部结构妨碍进步，就必须改变组织结构；如果激励奖惩制度不符合核心价值观的行为，就必须改变激励制度。请记住，核心理念是公司唯一不容侵犯的信条，而其他所有的都可以改变或者取消。

9.2.1.4 保存核心并且刺激进步

一家公司必须拥有核心理念，同时也要拥有追求的驱动力，以便在所有关键因素协调一致动作下保持核心和刺激进步。无论是企业家、董事、顾问、CEO，都必须致力于保存、激励和指导全体员工所珍视的核心理念；不仅如此，还必须努力创设一些机制，使组织永不满足于现状，永远刺激改善、改变、创新和自我革新，换言之，就是能让大家时刻感染到进步精神的那种机制。基业长青公司的基本特质就是：他们在保存核心理念的同时，还能主动坚持创新。换个说法，基业长青公司必须能够从琐碎的经营做法和日常商业谋略中（这应该因时而变），坚守住经久不变的核心价值观和永久不变的使命（这应该永远不变）。对于一家伟大的组织而言，变化是随时发生的，但核心理念却是唯一不变的。高管在经历时事变迁时能始终坚持神圣的核心理念不变，而刺激进步和追求创新的脚步却永远在变。

9.2.2 核心价值观的制定

核心价值观通常表达的是公司经营宗旨和原则，它对于公司内部的人拥有固有的价值和意义。迪斯尼“带给千万人快乐”的核心价值观来源于其内在的信仰，并不是出自市场的需要。一家成长性良好的组织应该是“出于自己的需要”来决定什么才是核心的，而不是出于当时所在的环境或竞争需求。企业在提炼自身价值观时必须坚持绝对的诚实。如果一个组织设计出了多个核心价值观，那很可能是企业根本不知道自己究竟想干什么，或是分不清核心价值和经营做法、企业战略之间的关系。真正的价值观必须能经受时间的考验。

任何一家企业都不能把一个新的价值观和使命生硬“安装”到人身上。核心价值观和使命是不能够让人“批量买进”的东西，人必须具备接受它的素质或愿望。当然，核心理念的贯彻过程也许会让某些人选择离开，因为他们觉得自己并不能适应这家公司的核心理念，而这是一个不错的排除方法，没有一个人能够避免。当然，在严格一致的核心理念里，也可以允许事物有多样性的存在（事实上总是这样），因为即使拥有同样的核心价值观、认可同样核心使命的人，也不可能总有完全相同的想法和外表。其实，任何一家企业都能找出一套共同的核心价值，哪怕是由来自不同国家的人组成的全球公司里，也是如此。关键是看怎样从不同的个人层次着手，将核心理念的落实再上升到组织的层次。那些负责阐明核心理念的人应该探讨这样的问题：你自己在工作中坚守什么样的核心价值观——那是你始终追求的吗？不管是否有益，你都在坚持吗？如果要求你向你的孩子或者其他亲人形容你在工作中坚守什么样的核心价值观，并且希望孩子长大成人之后，出来工作时也持有同样的价值观，你会怎么做呢？假设你可以预见自己所坚持的核心价值观中有几处将使你在竞争中处于不利状态，你还愿意坚持它们吗？假如第二天一早醒来，你突然拥有了一笔足够供你安度晚年的钱，你还会这样坚守你的核心价值观吗？如果将来你要在一个全新的领域创建一家新公司，你会为这家新公司注入什么样的核心价值观，而无须关注这个公司所从事的行业？如果对于以上几个问题，你能迅速地做出肯定回答，那么你其实已经找到了公司最合适的核心价值观，接下来要做的就是严格坚守核心价值观就可以了。

9.2.3　核心使命的制定

核心使命作为核心理念的第二个组成部分，常常是公司存在的基本原因。核心使命在鼓舞和引导公司方面起着更重要的作用，但同时，它要比核心价值观更难定义。企业使命决定了企业的经营动机，体现了人们对事业的关注程度，它不是对企业产品或目标顾客的精确描述。它是公司在获取利润之外生存的真正原因，是公司存在的灵魂。一家公司的使命可以上百年不变，公司不能将使命与具体工作目标、特定商业谋略混在一起。你可以在较短时间里达成一个目标或完成一项工作计划，但你却不可能彻底实现公司的永久使命。使命就像是遥远的启明星，你一直在追寻却永远达不到。使命本身虽然不会变化，但它却能刺激改变。一家公司想力求实现它的使命，就要坚持创新和刺激进步。

西方学者发现了一种探索公司使命的方法：提问“5 个为什么”。公司首先要问“我们为什么生产甲产品”或者“我们为什么提供乙服务”，在这样的为什么问了 5 次以后，你会发现你的答案逐渐向公司的使命靠近。例如，一家市场调研公司想获得合适的核心使命，他们用以下方式巩固和丰富有关公司使命的讨论。这家公司的高管在开了几个小时的会议之后得出了关于公司使命的陈述：“公司提供出可获得的最好的市场调研数据是最重要的?”接下来要继续问：“为什么公司提供可获得的最好的市场调研数据最重要?”公司高层在进行了讨论之后，对公司使命有了更深刻的认识：“公司提供可获得的最好的市场调研数据，是想为顾客找出一种了解市场的有效途径，使用这种途径要比其他任何方法都要好。”而接下去的讨论让管理层逐渐意识到，公司的价值并不是卖掉市场调研数据，更重要的是为顾客的成功发挥作用。上述一系列的自我提问过程，帮助高层更加明确了公司的使命：“即通过帮助顾客了解他们的市场，从而为顾客的成功提供帮助。”得出了这个使命之后，公司在进行产品决策时想到的问题就不再是：“这有市场吗?”而是问：“这对我们顾客的成功有帮助吗?”接下来，“帮助顾客了解市场并为顾客的成功提供服务”就成了这家公司的核心使命。

管理学家德鲁克说过：一个优秀并且具备奉献精神的人，最终都会成为自愿者，因为他们本身都会有机会做带来更多物质利益的其他事情。其实在一个充满变化的社会里，企业应该比以往任何时候都更加明白自己的使命并为之努力奋斗，只有这样，才可以让员工把工作变成事业，才能留住、激励和吸引杰出人才。

9.2.4 公司愿景的制定

公司愿景通常要表达的是“我们希望成为什么，达到什么目标或创造出什么”的问题。愿景也称为未来前景，它通常包括两部分内容：一部分是公司未来（通常是10~20年）的目标，另一部分是目标实现后的生动描述。换句话说：一方面，它应该包含一种实质感，即它是生动而具体的，能够看到、摸到和感觉到；另一方面，它描述的应该是没有实现的目标，是一个梦想或渴望。

尽管公司在不同发展阶段可以有许多目标，但愿景描述的应该是一种胆大包天的目标。在树立一个公司未来10~20年才能实现的长远目标时，要认真考虑公司的现有能力、当前的市场环境趋势和动力以及各种状况以外的因素。在树立胆大包天的目标时，会迫使高层管理者要高瞻远瞩，而不能拘泥于目前小的战略战术。一个胆大包天的目标更不能成为一场赌博，它至少大概有50%~70%成功的可能性，但作为公司高管要必须相信“我们无论如何都能完成目标”。但要实现这样的目标，我们需要付出惊人的努力，也许还需要一点点运气。每一个胆大包天的目标都必须是具体的，就像要爬具体的一座山，要在特定的时间限制之内，并且是可以达到的。关于愿景，我们需要回答的问题是：“这个目标会令我们活力四射吗？这会激发我们前进的动力吗？这会让人们行动起来吗？我们会觉得刺激吗？”愿景必须能振奋公司内部的人，否则这就不是成熟的胆大包天的目标。愿景还应该产生一点“漩涡效应”，当它要吸引人们实现这个目标时，在决定付出什么和付出程度上，未来前景应该起到一种明显的“漩涡”作用。

总之，“我是谁？我的目标是什么？我能代表什么？我如何在这个充满纷争的世界里保存真我并保持新鲜感？我如何能够全身心投入和活力四射？”与过去一样，这些关于自我认知和自我更新的人生哲学问题在今天依然困扰着我们，甚至有增无减。由于世界的不确定性和复杂性与日俱增，以往依赖外在机制去保持稳定感的人们经常要面临失去依靠的风险。而获得稳定感的唯一源泉，只能是来自内心的强烈信念和渴望变革的意愿，以及随时调整改变除了核心理念以外一切事物的做法。虽然人们预测不到他们将会去哪里，今后的生活会如何展开。但那些建立起高瞻远瞩公司的人敏锐地意识到，清楚“你是谁”比知道“你会去哪里”显然更为重要。因为“你会去哪里”总是要改变的。无论是对于我们的个人生活，还是对那些胸怀远大抱负的公司，都是如此。科学研究显示：人是唯一能接受暗示的动物。恰当的核心理念会给人以正面的暗示，会刺激人的内在潜能，挖掘人的内在潜力，并对人的情绪产生良好影响，使人进取，催人奋进。

第 10 章　后　　记

10.1　中国企业之殇

从 2018 年年初开始，世界上最为吸引眼球的事件就是中美贸易战真的打响了。这是中国不情愿看到也是力图避免的事情，但问题的主动权并不在中国手中。这场冲突带给中国的挑战是巨大的，需要中国企业家在思想上认真反思。改革开放 40 年来中国经济发展取得了令人瞩目的成就，在某些领域可能走到了世界前列，因此，有些企业产生了自大情绪。中美贸易战，尤其是“中兴事件”给中国企业打了一针清醒剂，使我们认识到了自己与美国之间存在的巨大技术差距。事实上，我们在许多核心技术领域与国外的差距十分巨大。中国的很多企业，无论是阿里巴巴还是京东等，都是利用中国庞大的市场经济规模实现了扩张式发展，跟原发性的技术创新、技术进步及其产业化毫无关系。这场争端使我们更加清醒地意识到，迄今为止中国的经济增长模式已经难以为继，中国必须在经济结构、经济运行机制等方面进行更为深刻的改革。以往我们通过资金买技术、以市场换技术、以挖人才造技术等方式取得了一些技术进步，在今后已经行不通了。那么，面对中美贸易战，中国的主动权在哪里呢？只能是大力发展国内市场，中国的企业家们必须勇于学习、敢于创新，带领企业脚踏实地、立足长远地改革那些阻碍创新的制度安排，中国今后发展的动力只能是自主创新，既要有技术领域的创新，更要有体制和制度上的创新。要想实现创新，中国企业家必须做到以下三点。

A　坚韧不拔

心理学上所谓的“沸腾效应”，是指关键因素所引起的本质变化现象。例如，水烧到 99 度不能算开水，其价值有限；若添一把火将其升高 1 度至沸腾并产生大量水蒸气用来开动机器，从而获得巨大的经济效益。这 1 度之差使水发生了质的变化，成了关键因素。从传统意义上讲，企业战略就是解决两个问题，一是根据其拥有的资源特点，制定战略目标，即决定企业在哪个行业达到什么地位；二是战略目标的执行，即如何实现的问题。如果说战略目标的制定贵在“专”的话，那么战略目标的执行则贵在“恒”。对战略目标持之以恒的追求是企业保持专业化的必要条件，一个企业是否具有清晰而且专一的战略目标，能否长期围绕目标不懈努力，是企业生存的必要条件。

美国《成功》杂志每年都要刊载很多年度最伟大企业家东山再起的创业故事，这些故事有个共同的特征：在创业英雄奋斗的过程中，他们都经历了许多困难和挫折，但他们总是勇敢地面对，并克服了一个又一个困难。坚持着，不轻言放弃，你的梦想就与现实更近一步。因为你的轻易放弃，机遇也许就会擦肩而过。事实上，世界上每一个基业长青企业的高管们在面对逆境时都表现出了惊人的毅力。他们中的很多人都犯过愚蠢的错误，有些是委以重任却因错过某个项目的交付时间而被解雇，有些是预算超支或者产品生产无法正常运转，有些是骨干员工离职，有些是不受他们掌控的事件发生导致高管离职等。但是，他们又东山再起了，而且他们在东山再起之后变得更富有智慧、更加强大。卓越的高管会从工作和职业发展的挫折中反省，他们能诚实冷静地从失败和苦难中总结经验教训，并努力让自己走更多的地方，经历更多的事。不屈不挠的乐观主义和自信精神对每个人都是有益的，尤其是在困难事件发生时无法让人有充分理由表现出自信和乐观时更是如此。没有坚韧不拔的品质，人就容易陷入自我怀疑的泥潭中，人就无法理性应对事件。许多领导者在事情过去多年以后仍然记得自己曾经是多么怀疑、伤心、绝望或愤怒，但现在他们已经能拿自己的过去开玩笑了，并且决心继续学习和前进，这就为他们的东山再起扫清了障碍。如果人一直有愤怒、恐惧，或任何其他强烈而难以释怀的情感，那么要做到坚韧不拔就会非常困难。在这个世界上，一星陨落，黯淡不了星空的灿烂；一花凋谢，荒芜不了整个春天。要相信，风雨过后，眼前会有美丽的水天一色；荆棘过后，前面会是铺满鲜花的康庄大道；因此，人生要尽力度过每一关，不管遇到什么困难，都不要半途而废，轻言放弃。

B 持续学习

对于企业来说，知识是保持竞争优势的持续来源，利用知识至关重要。各企业都需要知识更新，掌握新知识如同掌握了世界的脉搏，知识已成为个人、企业乃至国家提高竞争实力的根本。在一个学习型组织当中，学习是组织运行过程中习惯性的、无法分割的一个部分，是组织经营成功的最关键要素。学习型组织形成的必要条件是对组织文化管理的自觉认同，并推动组织全体成员的持续学习来达成组织战略目标的实现。如今是信息爆炸的时代，知识更新的速度非常快，只要有一天不学习就可能落于人后。作为企业领导者，必须坚持不断学习各种知识，才能不被淘汰。企业最终的竞争优势不仅在于企业的学习能力，还在于将其迅速转化为行动的能力。企业要通过各种途径学习（向科学家学习，向杰出的管理者学习，向市场学习），还必须迅速将所学知识运用到实践工作中去。由于企业的知识和能力不是每个员工知识和能力的简单加总，而是员工知识和能力的有机结合，通过有组织的学习，不仅可以提高个人的知识和能力，还可以促进个人知识和能力向组织知识和能力的有效转化，使知识和能力聚集，产生更大的合力。

C　拒绝官僚主义

官僚主义是一种文化，会放慢企业发展的速度，让员工感到恐惧，限制企业潜力的发挥。官僚主义者擅长“摆架子”、“打官腔”，工作中不愿意身体力行、深入基层、认真调研。在官僚主义盛行的企业组织中，因过多的层次和横向条块分割，使得组织内部的信息交换和沟通出现障碍，命令的贯彻和任务的执行要经过层层关卡的拦截、过渡、甄别，不断弱化，最终的误差往往使执行远远偏离轨道。在这样的组织氛围下，难免效率低下，信息不通，决策不下，政策不达，丧失活力。

“官僚之风”盛行的企业一定不会培养良好的人际关系，美国著名教育家卡耐基经过大量研究后发现：一个人事业上的成功，20%源于专业技术，80%要靠良好的人际关系。工作有所成就的人有一个共同特征，就是在公司内部广结善缘，与周围同事彼此相互了解，培养出绝佳的合作默契，很少被别人误解。良好、融洽的人际关系是企业成长的催化剂，管理者之间相互交流、开诚布公地分享自己的生活和领导力经验，甚至面对面分享自己的故事，可以使人感到轻松、自由，更有活力。如果说“沟通”是组织关系润滑剂的话，那么“非正式沟通”就是最有效的润滑剂，因为严肃而正儿八经的“正式沟通”并不能解决组织沟通中的所有问题，而“非正式沟通”可以弥补它的不足。“非正式沟通”可以不分时间、地点、场合，让员工的激情和好主意在各个阶层、各个角落中涌现出来，让每一个人在企业中都能发挥作用。人生在世，如果能得到别人的友情和认可，拥有良好的人际关系，应是人生的一大快事。而在官僚主义盛行的企业，常常让人感到自己就像一艘在海洋中漂浮的孤舟，漂泊不定，孤立无援。

总之，任何一家公司都不需要等待伟大的魅力型领袖的出现，也不必期望创造力灵光一闪就会闪出“大创意”，但要致力配合一种深奥而持续的认知，认定企业本身是重要的社会机构，是和杰出大学或政策体系一样的机构，需要呵护和关心。因为正是依靠人类组织的力量，无数的个人同心同德、共同努力，才完成了世界上大部分的美好事业。

10.2　研究展望与不足

基于高管团队认知研究的前沿性与复杂性，本书所做的研究仅仅回答和解释了很小一部分问题，对这一领域的研究还有大量有待深入的命题，这也构成了作者今后的研究方向。本书研究展望与不足之处主要体现在以下几方面：

（1）本研究结论较笼统，缺乏对个案的深入具体分析。由于时间和条件所限，本研究收集了大量文本资料实证分析高管团队认知对公司成长性的影响，但没有对上市公司进行深入具体的分析，如果能够对绩效较好或较差的上市公司进行跟踪调研，具体观察高管团队认知差异对公司成长性造成的影响，其结论会更具说服力。未来作者可以选取更多的典型公司进行跨案例比较研究，以增强研究结论的外部效度。未来还可能将研究对象拓展到非上市企业或民营中小企业中，这些企业在供给侧改革背景下面临着独特挑战，拓宽高管团队认知的深度与广度以提升公司成长性的愿望可能更为强烈，这为该领域的相关研究提供了更有意义的研究命题与研究情境。

（2）可加入不同情境因素拓展研究。高管团队认知研究具有高度情境依赖性，因而可以结合企业经营的不同情境（如技术变革、企业所有制改革等）进一步研究高管团队认知在特定情境下的演化机理，通过对不同情境下高管团队认知差异的比较研究，可为我们带来更有意义的理论洞见，也可进一步完善中国特定情境下高管团队认知的测量与研究方法。

（3）可加入不同中介变量。本研究在做实证分析时，曾加入了不同的高管团队中介变量（如高管团队年龄、性别、工作经验、学历）等信息，研究其对公司成长性的作用机理，但研究结果都不显著。究其原因，是因为没有对上市公司进一步细分，今后可以对上市公司按行业、按发展阶段或按所有制进一步划分后加入中介变量，研究结果可能会更有实践意义。

（4）可对团队认知研究的层次进行拓展。本书对高管团队认知的研究主要集中于公司高层管理者，未来可将研究层次拓展到公司其他层级，例如探讨中层管理者、基层管理者甚至是普通员工的团队认知对公司成长性的影响。当然，还可以将更多的社会化因素考虑进去，这也为今后的研究拓展了方向。

（5）进一步厘清感性认知与理性认知、深思熟虑与直觉经验等相结合的视角，研究高管团队认知对公司决策、行为的影响。基于认知的复杂性，仅仅从感性认知或理性认知的角度无法从整体上把握认知过程或作用机理。实际上，目前关于认知的研究已经逐步从理性认知拓展到了情感认知，从深思熟虑拓展到了直觉经验等领域，未来有可能需要将不同类型的认知相结合，以便进一步探析高管团队认知对公司决策、行为的作用机制。

附　　录

上市公司核心理念内容及赋值表

公司代码	核心价值观	使命	愿景	分值
002001	创新　人和　竞成	创新精细化工　改善生活品质	创造财富　成就员工　造福社会	4
002002	以实干创造未来	以市场为导向、以客户为中心	以人为本、规范管理、科学决策	3
002003	以“可持续发展为核心”努力寻求和建立一整套促进伟星长期可持续发展的保障体系，将伟星做优做强做大做长	企业精神：团结、拼搏、求实、创新	稳中求进，风险控制第一；互惠互利，追求共赢	2
002004	一流产品是联系客户的桥梁，尊重每一位员工，平等机会，休戚与共	高水平、高科技、专业化；	重庆华邦制药有限公司致力于在医药事业领域内长期稳定发展，成长为医药事业领域内最有影响力的公司之一，向社会提供有显著疗效的药品与服务，使人们健康长寿和充满生活乐趣。在企业生生不息的成长过程中实现对股东、员工、客户、政府、社会的增值回报	2
002005	员工为本、客户至上、团队协作、业绩导向、自我超越	致力于提升人类精致健康的生活品质	全球小家电和LED照明领域最优秀的整体解决方案提供商（核心业务）全球一流的技术创新者和受人尊敬的全球化企业（全球地位）	4
002006	精功科技为您创造价值	为用户创造价值，为社会节约资源，为广大顾客提供全球一流的光伏及节能产品	把“精大EXCELL”打造成国际知名品牌，实现业务全球化，建设国际一流的公司	3

续表

公司代码	核心价值观	使命	愿景	分值
002007	经营宗旨：以质量安全保证信誉； 企业精神：团结 开拓 敬业 奋进； 质量方针：生物制品安全无极限； 企业理念：关爱生命 以人为本			1
002008	因为需要，所以存在——做个别人需要的人；做个对社会有用的人；帮客户创造价值，并力争超出预期	强大民族，装备世界	先进装备的领袖	4
002009	理念很多但无明确核心价值观			1
002010	责任、诚信、务实、共赢	幸福员工，成就客户，引领产业； 为员工打造可持续发展的事业平台，让员工通过勤奋工作实现个人价值和人生幸福； 为客户提供优质的产品、服务和系统解决方案，与客户共同成就事业； 顺应国家产业发展导向及社会发展趋势，推动产业转型升级和区域经济全面发展，促进社会进步		2
002011	专业、创造、共赢	提升能效、优化环境	健康、舒适环境的引领者	2
002012	无明确提出	发展凯恩，贡献社会、利益员工为宗旨，诚信经营、规范运作、全公司持续健康快速发展，努力回报广大投资者		1
002013	航空报国	为防务和民生提供系统解决方案	成就自由飞翔、构建美好生活	4

续表

公司代码	核心价值观	使命	愿景	分值
002014	无明确提出	我们将一如既往：以卓越的品质追求世界领先水平的包装技术和服务，塑造永新股份优秀的供应商形象，以真诚的服务回报客户，回报社会		1
002015	无明确提出	“家”文化——霞客是所有员工的工作家园，是温情和规矩并存的家； “实”文化——诚实、踏实、求实、务实是霞客文化的重要特点，霞客的实文化源自企业对于诚信的忠诚。做人诚实，做事踏实，对待问题要有求实的精神，对待工作要有务实的态度“水”文化		2
002016	责任、荣誉、敬业、团队			0
002017	无明确提出	引领信息潮流、铸就安全典范	国际化的信息安全产品供应商和服务商	1
002018	企业宗旨：铸生命活力，造万物生机	经营理念：诚信天地，奇正方圆	企业精神：脚踏实地，笃行争先	2
002019	健康人生是生命之旅最本质的幸福体验。鑫富精神：博大、诚信、创新、务实	经营宗旨：卓越、努力，让生命旅程健康幸福	发展目标：追求卓越，铸造百年鑫富健康人生、幸福天下	4
002020	创优秀企业，树京新品牌	为人类提供卓越的健康产品	为人类提供卓越的健康产品	4
002021	中捷不仅仅是个企业，更是一项事业			1
002022	科华一定会在尊重与爱护环境的前提下运作；在企业快速发展争做行业领先的过程中，所有行为决不损害子孙后代的利益			1

续表

公司代码	核心价值观	使命	愿景	分值
002023	网页无法访问			0
002024	做百年苏宁，社会企业员工利益共享，树家庭氛围、沟通指导协助、责任共当	引领产业生态、共创品质生活	百年苏宁、全球共享	4
002025	网页内容很不全，但可以互动			1
002026	拼搏务实、科技兴业、诚实守信、打造精品	以先进的技术、优异的品质和专业的精神，为用户提供优异的产品	创民族品牌、做行业的领跑者	4
002027	中国生活空间媒体的领导者，笔者找的，其他没有			1
002028	成就客户群体奋斗开放进取正直诚信自我批判发展未来	使电能传输与分配更安全、更可控、更高效	向全球客户提供一流的电气设备与服务，帮助客户安全、可靠、高效地使用和维护电力	4
002029	致力于成为世界知名的男装品牌、为消费者提供满足现代多元化生活需求的高品质服装产品、以时尚传承经典，以中国面向世界（笔者整理）			3
002030	分享成长价值	达生命之源，安健康之本	未来的达安是健康领域的“百年达安，世界达安”	3
002031	人的价值高于物的价值，共同的价值高于个人的价值，社会的价值高于企业价值，用户价值高于利润价值	热爱祖国、热爱公司、热爱本职、正义公正、以诚为本、恪尽职守、以质量求生存、以信誉求发展、以创新求尊严，为创造国际一流水准而努力奋斗	信息第一　信誉第一　效率第一　效益第一	2
002032	苏泊尔网站全是产品介绍，没有企业文化信息			1
002033	锐意进取，不断超越	锐意进取，开拓创新	成为滇西北旅游行业最具产业链竞争优势的旗舰企业	2

续表

公司代码	核心价值观	使命	愿景	分值
002034	公司无官网			0
002035	全是产品介绍，没有核心价值观等			0
002036	公司官网无法访问			0
002037	求实、创新、追求卓越；敏锐、坚毅、攀登高峰 无确切表达			1
002038	网页无法访问			0
002039	诚信　求真　和谐　创新	创造更大的经济、社会、人文价值	打造价值华电、绿色华电、创新华电、幸福华电，建设具有国际竞争力的世界一流能源集团	3
002040	公司官网上没写			0
002041	公司官网上没写			0
002042	1、以价值客户为导向建立利益各方的竞合共赢机制；2、持续创新；3、只有专业、敬业、职业、认同的员工才能保持华孚的基业长青；4、用爱创造每一天；5、坚守正、直、诚、实、信、义的品德	贴近生命，美化生活	通过几代人的努力，成为世界级的纱线王国	3
002043	德为本、华而实、木之展、业久存			3
002044	公司官网无法访问			0
002045	国光价值观：精细高效，诚信负责，创新友爱	国光使命：打造持续创新、充满活力的百年老店	国光愿景：让生活更美好	4
002046	诚信严谨 创新共赢	引领轴承工业科技 提升世界装备水平	成为世界滚动传动领域的国际知名企业	4
002047	和谐发展、卓越、缔造百年基业			2
002048	诚信共赢天下、华翔铸就未来，笔者整理			1
002049	公司官网上没写			0

续表

公司代码	核心价值观	使命	愿景	分值
002050	以人为本，持续创新 达到员工满意、顾客满意、供方满意、股东满意、社会满意	通过专注、领先的技术，打造全球气候智能控制王国，引领世界行业发展潮流	发展节能低碳经济，营造品质绿色环境。经营多元化、生产专业化、市场全球化	4
002051	奉献、诚信、执着、创新	传递中国工程价值	做国际知名工程服务商	4
002052	公司官网没写			0
002053	公司官网没写			0
002054	开心工作、愉快生活、携手创造、共享未来	发展企业发展人、为行业为人类带来进步	成为国际一流的精细化学品公司	4
002055	诚实守信　勤勉尽责 创新改变　成长发展	以发展民族工业为己任，科技强国，创中华品牌	成为行业领军的电子连接器一体化解决方案提供商	4
002056	客户至上，关爱员工；团结、求实、坚韧、创新	高科技、绿色环保、无人化	唯一独特，世界一流	3
002057	公司在多年的发展中始终坚持“严格、规范、高效、精细”的管理理念和“合作、友谊、双赢、发展”的经营理念	以致力磁业进步为使命，不断开拓创新，持续满足顾客需求	竭诚为您提供高品质的产品与服务，成为您最值得信赖的合作伙伴	3
002058	诚信敬业、务实创新			1
002059	创造价值、和谐共赢	创造美好生活方式	人与自然和谐发展的典范	4
002060	睿智创新、励志创业 重视企业文化建设，发扬和彰显水电人“远见卓识、改革创新、诚实敏行、锐意进取”的精神风貌			2
002061				0
002062	公司官网没写			0
002063	敬业、诚信、尽责、创新	用优质的产品和服务、推动企业管理和社会进步	成为国内领先的企业管理和社会服务信息系统供应商	4

续表

公司代码	核心价值观	使命	愿景	分值
002064	为客户创造价值，为员工谋求发展，为股东实现利润，为社会承担责任	致力于客户与公司的成功进行创新	努力打造国际领先的高技术纤维及新材料制造基地；努力打造中国优秀上市公司	3
002065	诚信立业、合创未来			1
002066	公司官网没写			0
002067	公司官网没写			0
002068	公司网页出错			0
002069	公司网页出错			0
002070	众志成城、和谐共赢			1
002071	公司官网没写			0
002072	公司无官网			0
002073	否定自我 持续创新；发展模式：产学研有机结合；人本理念：软控人的私事是公司最大的事；服务理念：面向生产，贴心服务；研发理念："三不干"——没有人才不干，没有市场不干，没有资金不干工作理念：努力工作是为了更好地生活	致力于工业信息技术与装备的研发和制造，推动工业智能化发展	追求卓越，执着百年	4
002074	价值观：珍惜、务实、诚信、创新； 理念：成就别人才能成就自己	绿色新能源创造者	动力电池行业的领导者	4
002075	百炼成钢、铸就非凡		发展公司、行业领先、回报股民、回馈社会	2
002076	"团结奋进，追求第一"是雪莱特人不变的追求。雪莱特愿在 LED 时代继续为社会发光发热，为光明创领未来之路努力践行！			2

续表

公司代码	核心价值观	使命	愿景	分值
002077	团队协作　诚信奉献　永恒创新　自我超越　全力完成全年目标，致力打造一流企业			2
002078	利国、利民、利业	传承华夏造纸祖业 标领世界纸业文明	建成主业突出、多元创新、绿色环保、管理规范、持续发展的最具成长性的、受人尊重的世界一流企业	4
002079	企业的价值来自员工的幸福和客户的感动			1
002080	诚信、尊重、创新、高效	推动新材料产业发展，促进社会技术进步	最为客户尊重与员工、股东信赖的中国材料工业知名科技企业	3
002081	协同敬业　诚信服务　以人为本　追求卓越	引领社会潮流成为行业标杆提供最佳服务回馈员工、股东、社会	竞争对手尊敬的公司客户首选和信赖的公司社会认可、股民追捧的公司员工值得依托、实现自我的公司	3
002082	诚实守信、追求卓越	企业信息化、营销全球化、技术服务超前化是我们的目标和承诺		2
002083	诚信铸就永恒	为客户谋价值 为员工谋幸福 为社会谋发展	领航世界家纺 创享精彩生活	4
002084	公司网站没写			0
002085	永恒提升价值，不断奉献社会	为客户提供满意的优质产品	营造国际品牌，构筑百年企业	4
002086	诚实敬业　创造卓越　开发蓝色海洋　关爱生命健康	质量等于生命	创驰名品牌　建一流企业	3
002087	公司将继续弘扬“严细实恒。开拓创新”的企业精神，致力于走新型工业化之路，坚持“用户第一、诚信经营”的方针	以市场为导向，努力提升产品档次，实施品牌化经营，深化内部改革，强化企业管理，坚持技术创新，奋力开拓国内外市场，实施资本运营，全面提高企业整体素质和市场竞争能力	到“十三五”末，力争年实现销售收入100亿元，利税6亿元，创汇3亿美元，将公司发展成为具有明显国际竞争优势的特大型纺织企业	2

续表

公司代码	核心价值观	使命	愿景	分值
002088	坚守诚信、坚守底线持续创新追求卓越合作共赢创造价值	发展节能材料、造福人类社会、以卓越的节能产品助推人类与自然的和谐发展	成为在节能环保领域具有核心竞争优势的行业领导者	4
002089	给您机会 注重结果 按能分配 物有所值	开创成新、群力为海、至善是宜	敬业 创新 领先	3
002090	诚信为本，客户至上 成就员工，共同发展 目标明确，执行有力 持续创新，追求卓越	通过持续的创业和创新，不断超越客户期望，让员工实现梦想，为股东创造价值	成为受人尊敬的一流高科技企业	3
002091	勤（勤奋、高效、解决、时限）、慧（学习思考创新变通）、谨（严谨规范认真纪委）、和（和谐主动沟通理解）	助力客户整合产品资源、关爱员工成就职业精英、支持厂商参与国际竞争、回馈社会促进和谐发展	成为多元发展的一流国际经贸企业	3
002092	人为本公为上和为贵	富民兴疆强国	成为世界级具有传世地位的能源化工企业集团	4
002093	国脉科技追求“公平、宽容”的企业文化理念，并相信公平来自员工对企业的认同感，宽容则能产生超常规的效率	我们对服务客户的信念；对坚持以速度、创新和质量为核心的优良业绩的承诺，以及尊重个人对集体成就所做的贡献和为生活与工作的社区服务并促进它们的发展的强烈的社会责任感，正逐步形成了具有国脉科技特色的价值观		2
002094	沟通、合作、求实、创新			1
002095	公司网页没写			0
002096	打造民爆一流企业、铸就民族优秀品牌			2
002097	修身 治业 怀天下	做装备制造领域世界价值的创造者		3
002098	速度超越服务、做到最好、成为第一			1

续表

公司代码	核心价值观	使命	愿景	分值
002099	诚信、合作、进取、求精； 诠释：诚信是立企做人的根本；不断进取是企业发展和员工个人成长的动力；合作体现在两个方面，一是内部要倡导密切合作，二是外部我们要靠国际高端合作跻身世界医药强企之列；求精也体现在产品质量精益求精和做事求精、求细，追求卓越	呵护健康、造福人类	做健康企业、为健康事业	4
002100	天康品质深得依赖、善于学习不断创新、彼此信任相互尊重、保持激情富有责任、充分沟通坚决执行			2
002101	顾客满意员工伙伴稳健经营持续改善	用压铸成型技术推动商业和社会进步，提供基于精密压铸成型技术的产品和服务，成就客户发展产业，创造社会价值实现商业成功	建中国乃至世界知名的有色合金压铸生产基地，成为具有国际竞争力的一流企业	4
002102	产业做好、做精、做强、做大，效益报国	科学技术是第一生产力，开拓创新是永恒的主题	争创品牌之冠、铸就百年大业	4
002103	“做好每一天，为客户创造价值”	“归属感、成长感、成就感、自豪感、责任感”作为建设企业内部文化建设的主要内容，着力培育、激发和调动员工的主动性、积极性、创造性，提升团队的总体力量，从而实现员工与企业的共赢局面		2
002104	创新超越高效团队 从优秀到卓越、自中国而世界			2
002105	诚信、创新、品质、务实、执行、双赢			1
002106	团结求实开拓进取			1

续表

公司代码	核心价值观	使命	愿景	分值
002107	顾客第一服务他人诚信创新	为人类健康创造卓越价值		3
002108	学习竞争坚韧发展	明珠人以明珠般的品质，赋予您明珠般的价值	以民族繁荣昌盛为己任锲而不舍拼搏奋进通过不懈的努力将企业建成具有国际影响力竞争力的企业	4
002109	公司网站未明确提出核心价值观等内容			0
002110	为人至诚　为业至精	绿色钢铁　服务海西	打造精品钢企　铸就卓越品牌	3
002111	同顾客以双赢　与员工共发展　给股东以回报对社会以贡献	真诚信赖　执着追求稳健务实　拓新致远	创世界一流品牌 广泰设备服务全球	3
002112	为股东创造利润；为顾客创造效益；为员工创造机会；为社会创造财富；与伙伴共同发展	打造国际精品，构筑百年三变	近期：中国行业十强；中期：中国电器五十强；远期：世界行业百强	4
002113	公司网页无法访问			0
002114	诚信、共赢、创新、高效			1
002115		运用我们的智慧和努力不断拉近世界的距离	成为世界一流的网优设备和服务提供商	2
002116	海纳百川　诚信至上人为根本	以科技利益人类 以成就赢得尊敬	成为国内一流、国际知名的国际化工程公司	3
002117	市场唯先，用户至上	传承恒久文明、缔造美好未来		2
002118	以品树人、以德酿药，挚真质纯			2
002119	公司的人才是企业成功的基础，产品是企业员工努力的结晶，公司的产品应该在全球范围内质量一流，价格 具有竞争性。顾客是衣食父母，公司应为顾客提供最优质的服务和最优性价比的产品。利润是检验企业是否满足顾客需要的标准，也是企业生存、发展和回报股 东、回报社会的源泉	公司树立“以人为本”的思想，通过引进国际先进的技术、设备和管理，吸纳英才，参与国际和国内两个市场的竞争，从竞争中谋求创新和发展，并为客户提供一流的产品和优良的服务	不断构建企业规模优势、技术优势、人才优势，成为全球主要的半导体封装材料供应商之一	3

续表

公司代码	核心价值观	使命	愿景	分值
002120	尽心尽责	让国人为新海自豪	成为国际一流的精密塑料经营专家	3
002121	1. 尊重—尊重客户、尊重员工、尊重合作伙伴；2. 快乐—快乐工作、快乐生活、快乐学习；3. 成就—成就客户、成就个人、成就公司；4. 分享—分享知识、分享荣誉、分享成果、分享快乐；5. 感恩—感恩社会、感恩客户、感恩亲人、感恩同事、感恩公司；6. 负责—对客户负责、对工作负责、对家庭负责			2
002122	勇攀高峰 品牌化专业化规模化规范化			1
002123	以客户为中心，以奋斗者为本，以创造价值为使命		努力让全体员工过上更美好的生活 成为受尊重的有国际竞争力的公司	2
002124	求实、创新、合作、奉献	美好食品缔造幸福生活. Better food，Better life!	做一流的健康、和谐、高效的动物食品供应商	3
002125	诚信、敬业、责任	为客户创造价值，与环境和谐相处，用品质铸就品牌，和员工共建家园	致力于打造世界一流的EMD生产企业	4
002126	诚信卓越、拼搏创新。谦厚好学、团结合作是银轮企业文化的精髓。联合一切可以联合的力量、整合一切可以整合的资源、调动一切可以调动的积极因素，敢于否定自己、勇于承担责任、乐于帮助他人是银轮员工的行为准则			2

续表

公司代码	核心价值观	使命	愿景	分值
002127	丰富产品线、打造让消费者尖叫的产品和体验，成为全品类消费品王国，同时围绕“感情深 南极人”和品牌核心价值，打造全新品牌形象，塑造品牌内涵，让南极人真正成为穷人买得起国人看得起的“国民品牌”			2
002128	满足用户 互利共赢	奉献绿色能源 服务社会公众	员工价值实现与个人收入和企业效益一体化员工家庭富裕与企业发展和社会贡献一体化	3
002129	环境友好、员工爱戴、政府尊重、客户信赖			1
002130	沃尔核材将秉持“企业成功、员工幸福、保护环境、回报社会”的核心文化理念，凭借品牌、技术、人才、市场、服务等强大实力，恪守“诚信、尊重、高效、合作、创新”的核心价值观，全力打造一个行业地位领先、竞争优势显著、企业特色鲜明、受社会尊重、引员工自豪的优质企业			2
002131				0
002132	不畏当今晚，敢为天下先，上游无止境，勇攀最高峰。为投资者增效益，为合作者增利润，为股民增红利，为员工增收入，为社会增财富，为百姓增实惠	把每件精品奉献客户，让恒星品牌闪耀四方；把诚信立业扬名天下，让创业收获造福故乡	眼盯“互联网”，胸怀“地球村”；学一流技术，做一流员工；塑一流品牌，创一流业绩	3
002133	知识创造财富 和谐铸就未来	服务大众 共享生活	中国最优秀的学者型地产实践团队	3

续表

公司代码	核心价值观	使命	愿景	分值
002134	团结一心、永不放弃	和谐发展、共创价值	以独有的竞争优势获得行业领先地位	3
002135	仁德诚信　臻于至善	绿色建筑成就品质生活	绿色建筑引领者	3
002136	忠诚　求实　合作　竞争	用户的满意和期望是我们始终不移的追求； 环境方针：绿色化工，持续发展； 质量是企业生存的保证、用户是企业发展的基础	打造一流钛白粉民族品牌	3
002137	公司网页没写			0
002138	We are to adhere to the highest ethical requirements, and are committed to: run business honestly, prohibit corruption, extortion and embezzlement; prohibit offer or acceptance of bribes; disclose information regarding business activities, structure, financial situation and performance; respect and protect intellectual property rights; observe principle of fair business, advertising and competition; protect whistleblower confidentiality; actively involve in community		Sunlord shall bear its social responsibility, respect the human rights, pay close attention to conflict minerals issues continuously, and make efforts to investigate its supply chain with diligence to assure the metals sources of, including but not limited to, tin (Sn), tantalum (Ta), tungsten (W), gold (Au) are not coming from the mines of the Democratic Republic of Congo and its neighboring countries controlled by armed groups. Sunlord hereby expects its suppliers to comply with the Electronic Industry Code of Conduct and only purchase materials from environmentally and socially responsible suppliers	2
002139	接受最新的，创造更新的	立百年基业惟开拓，树世界品牌而兴邦	雁行精神——放眼天地间，携手共飞越	3

续表

公司代码	核心价值观	使命	愿景	分值
002140	勤奋工作快乐生活	科技兴企、工程立业、勤奋报国	人企合一　百年长青	4
002141	在董事长致辞里找到“贡献社会、实现自我、追求卓越”是蓉胜的口号，也是蓉胜的价值体现	以铜线沟通你我，蓉胜公司将以领先的技术和完善的服务，与您携手打造美好的明天	蓉胜一定能成为中国未来漆包线行业的龙头企业，而蓉胜这一品牌也将逐渐成长为具有国际竞争实力的强势民族品牌	2
002142	诚信敬业合规高效融合创新			1
002143	网页上没写			0
002144	做好事做能人做主人 快为先优为本新为魂 达共识来共创齐共享	赋予中国制造新内涵	成为国际知名品牌	2
002145	Enjoy Your Life! Enjoy Your Work!			1
002146	追求卓越，意味着永续提供卓越的产品和服务，令客户荣耀；意味着永续提供卓越的价值回报，令股东满意；意味着永续提供卓越的发展平台和报酬，令员工自豪	创造财富、培育人才、服务社会、报效国家	诚信、谦和、认真、苦干、拼搏、创新	3
002147	内方、外圆、忠诚、卓越；方正做人，圆满做事；关注顾客，创造价值；清洁生产，安全健康；精细管理，持续改进	全力打造方圆品牌，持续追求客户、股东、员工及其他利益相关者的共赢	成为世界一流的回转支承制造商	4
002148	以创新为魂、以真诚立信、以合作促共赢	一流的移动互联网服务集成商，一流的专业服务	为客户提供一流的通信产品和服务	4
002149	服务于国家重点战略需求，促进事业可持续发展，为广大职工创造价值提升平台	以国家重点战略需求为牵引，以技术开发为根本，以高品质、低成本产品为支点，以高市场占有率为根本来实现企业价值和员工价值	将公司“打造成全球领先的稀有金属材料加工基地”	4

续表

公司代码	核心价值观	使命	愿景	分值
002150	公司网页没明确			0
002151	诚信·务实·坚韧	向用户提供满意的导航定位解决方案，以此奉献社会，回报顾客、回报合作伙伴、回报员工、回报投资人，使我们的生活更美好	成为受人尊重、员工自豪、国家信赖、国际一流的百亿级导航产业集团	4
002152	诚信、敬业、责任	团结、进取、求实、创新	致力于打造世界一流的EMD生产企业	3
002153	帮助用户成功、帮助员工成功、帮助企业成功、帮助行业成功			1
002154	报喜鸟公司官网全部为产品信息			0
002155	公司始终坚持“黄金为主、多金属并举、深度延伸”的发展战略，大力弘扬“艰苦创业、求是创新、品质创优”的企业精神，以“效益、资源、和谐”六字方针总揽工作大局		努力将公司打造成资产优良、运作规范、成长健康、竞争力强的国内优质上市公司	2
002156	公司官网没写			0
002157	只写公司是中国500强企业			0
002158	关爱　敬业　诚信　创新　卓越	创造更低碳环保的生活环境	成为流体机电产业的世界领导品牌	3
002159	创造美好生活	安全至上 服务贴心、精心于专业 用心于细节	中国最具跨越能力的旅游产业集团	4
002160	未来，公司将在做大、做强主业的基础上，向产业链的下端延伸，不断为客户提供多元化的产品和增值服务，在持续性创新和为客户创造价值的理念指引下，将公司建设成为世界驰名公司			1

续表

公司代码	核心价值观	使命	愿景	分值
002161	为我们从事的领域奉献技术与创新； 每个远望谷人都应得到尊重、发展、机遇、包括共享企业成功的机会； 不断改进公司的一切行为：创意、品质与顾客满意度	助推物联，享受生活	我们奉献技术与创新，并享受由此带来的价值和幸福； 我们要成为世界上最有声望、以服务为导向、综合效益最大化的产品和解决方案供应商； 我们要对社会和社区承担责任，并尽可能地为之贡献力量	3
002162	公司网站未明确提出核心价值观			0
002163	自豪、激情、诚信、价值			1
002164	公司网站未明确提出核心价值观			0
002165	奉献社会，实现自我	提供绿色产品和服务，让世界变得更加美好	成为行业引领者	3
002166	10 多年来，怀着对大自然的敬畏、对生命的热爱、对科学的尊重，莱茵人以不懈的努力经营提升着“绿色、健康”的理念。因为对自然的敬畏，我们以严谨的态度对待工作中的每一个细节，探索植物与人类健康的关系；因为对生命的热爱，我们坚持以优质的产品和服务回馈客户；因为对科学的尊重，我们不断创新，不断超越			1
002167	知识、创新、超越			1

续表

公司代码	核心价值观	使命	愿景	分值
002168	务实、创新、高效	让“中国制造”有“真材实料”，致力于坚强中国制造根基，创新技术，创造美好未来新生活；矢志成为以市场为导向、以人才为根本的中国创新资源集结地和技术成果转化器	成为中国制造业“卓越技术企业”	3
002169	创新、责任、团结、坚持	安全、节约、舒适地使用能源	作为能源技术领域产品、服务的领先提供商和专家，致力于帮助客户安全、节约、舒适地使用能源，成为智慧能源的追求者和倡导者！	4
002170	自信、担当、创新、共享	科技予农，富强大地，健康人类	成为中国生态农业附加值最高的整合与运营企业	4
002171	公司官网无法登录			0
002172	公司官网无法登录			0
002173	公司网页正在建设中			0
002174	公司网页全部是产品介绍			0
002175	“锐意创新、底蕴深厚、开放包容、合作共赢”的企业特质或精神	东方网络志在为投资者创造稳定的投资回报，与合作伙伴共同成长且实现合作共赢，为用户创造现代娱乐新生活，向社会传播文化正能量。东方网络要塑造的企业文化是“尊重、包容、感恩、创新、担当”，为员工提供机会与成长	东方网络的目标是成为国内最大、世界最有影响力的多元化的中国文化传播公司，传播东方文化，弘扬中国精神	4
002176	科技创新，管理创新，精品强企；常怀感恩之心	满足用户的需求是江特人不断追求的目标	百亿产业、百年江特	4
002177	持续发展，和谐共赢；诚信务实、专业专注、自主创新、稳健规范；享受工作、享受生活	以民族品牌服务世界	让御银的金融设备遍布全球	4

续表

公司代码	核心价值观	使命	愿景	分值
002178	科技提升建筑价值、智慧开启城市未来；追求完美 永不推辞	定位于“对高端客户和服务的追求”定位于“成为行业的领袖”	成为中国受人尊敬的高科技企业	4
002179	公司官网没写			0
002180	公司官网不能登录			0
002181	专业、协同、速度、创新、责任、艰苦、快乐、服务	开放的思维、强有力的执行	较强的自我反省	2
002182	质量第一、客户至上、科技为本、奉献社会			1
002183	以人为本、服务领先	创造与合作伙伴共荣共生的O2O供应链生态圈、促进社会繁荣与发展：提高企业供应链效益 推动企业供应链创新	成为优秀的O2O供应链生态型公司	3
002184	客户 员工 诚信 价值 创新 团队 分享 执行	为工业领域客户提供最有竞争力的自动化与信息化产品及系统解决方案和服务，持续为客户创造价值	成为中国工业自动化及信息化的领先者	3
002185	科技创造价值 共生实现发展	以卓越的产品和服务促进中国微电子产业的发展		2
002186	全而无缺，聚而不散，仁德至上	弘扬中华饮食文化，奉献人类健康美食	中国第一餐饮，世界一流美食，国际知名品牌	3
002187	弘扬竭尽全力精神、塑造尽职尽责的执行力、尽心尽力的行动力和尽善尽美的创造力	高效的运营百货店、专业店和购物中心，为顾客提供优质满意的商品零售服务	竭尽全力、把广百股份打造成为南中国零售服务业的领导者	3
002188	梦想、坚韧、创新	让出行更快乐	中国公交移动生态圈领导者	4
002189	创造价值 共赢未来	致力光学科技 促进人类文明	打造光学薄膜全球一流企业	4
002190	团结诚实守信	走强国路、铸工业魂	成为国际一流的工艺设备和锂离子动力电池制造商	3

续表

公司代码	核心价值观	使命	愿景	分值
002191	以人为本、创新为本、诚信为本	以振兴民族印刷为己任		3
002192	诚信自律、务实担当、开放创新、追求卓越	发展新能源和新材料，造福社会，为股东、客户和员工创造价值	成为卓越的能源材料与能源装备产业控股集团	3
002193	德载品质、竞显卓越、从严求实、至诚至善			1
002194	公司官网没写			0
002195	经营理念坦诚、热情、共创、分享；人才理念诚实、用心、专业；人才价值观做人要诚实，做事要踏实			2
002196	诚信　卓越　关爱　共赢	驱动世界不断向前	圆梦的方正	2
002197	诚信、敬业、团队、创新；创世界名牌、建百年老店	客户增值、员工发展、企业进步	国内一流国际知名的金融支付信息安全产品和应用方案提供商	4
002198	我们想做点事——弘扬中华医药事业； 更想圆一个梦——“人人健康、万家安福”			2
002199	诚实信用、兼容并蓄、服务人类	共创、共赢、共荣	全球领先的石英晶体元器件供应商	3
002200	正在建设中，敬请期待			0
002201	在九鼎成功与社会进步中实现自我	鼎立天地　德报社会	百年九鼎　百亿九鼎	3
002202	创造价值，成就人生	为人类奉献白云蓝天，给未来创造更多资源	做世界新能源价值发现者和创造者	4

参考文献

[1] 王俊杰．总裁力 [M]．北京：机械工业出版社，2012.

[2] 彼得·德鲁克．管理的实践 [M]．齐若兰译．北京：机械工业出版社，2009.

[3] 吉姆·柯林斯，杰里·波勒斯．基业长青 [M]．真如译．中信出版社，2002.

[4] Easterby-Smith M，Lyles M A，Peteraf N·A. Dynamic capabilities：Current debates and future directions [J]. British Journal of Management. 2009，20（s1）：1~8.

[5] Eisenhardt K M. Building theories from case study research [J]. Academy of management review. 1989：532~550.

[6] Shapiro G，Markoff J. In C. W. Roberts（Ed），Text analysis for the social sciences：Methods for drawing statistical inferences from text and transcripts [M]. MahwahNJ：Lawrence Erlbaum Associates，1997.

[7] Ham brick D C，Mason P A. Upper echelons：The organization as a reflection of its top managers [J]. Academy of Management Review. 1984，9（2）：193~206.

[8] Cho T S，Hambrick D C. Attention as the mediator between top management team characteristics and strategic chan：The case of airline deregulation [J]. Organization Science. 2006，17（4）：453~469.

[9] 葛玉辉．高管团队认知与组织绩效作用机制的研究拓展 [J]．企业经济，2009，8：5~8.

[10] March J G，Simon H A. Organizations [M]. New York：John Wiley & Sons Inc，1958.

[11] 肖剑科，赵曙明．国内胜任特征研究之元分析 [J]．经济管理，2008，30（10）：73~78.

[12] 陈彦亮．团队认知对企业惯例的作用机制研究 [D]．辽宁大学，2012.

[13] 孙海法，伍晓奕．企业高层管理团队研究的进展 [J]．管理科学学报，2003（4）：82~89.

[14] 周晓东．基于企业高管认知的企业战略变革研究 [D]．浙江大学，2006.

[15] Adner R，Helfat C E. Corporate effects and dynamic managerial capabilities [J]. Strategic Management Journal. 2003，24（10）：1011~1025.

[16] Meindl J R，Stubbart C，Porac J F. Cognition within and between organizations：five key Questions [J]. Organization Science. 1994，5（3）：289~293.

[17] Barr P S. Adapting to unfamiliar environmental events：A look at the evolution of interpretation and its role in strategic change [J]. Organization Science. 1998：644~669.

[18] Fiol C M，Lyles M A. Organizational learning [J]. Academy of Management Review. 1985，10（4）：803~813.

[19] Milliken F J，Lant T K. The effect of an organizations recent performance history strategic persistence and change：The role of managerial interpretations [J]. Advances in strategic management. 1991，7：129~156.

[20] Khandwalla P N. The techno-economic ecology of corporate strategy [J]. Journal of Management Studies. 1976，13（1）：62~75.

[21] Anderson C，Paine F. Contingencies affecting strategy formulation and effectiveness：An empirical study [J]. Journal of Management Studies. 1977，14：147~158.

[22] Fahey L, Narayanan V K. Linking changes in revealed causal maps and environmental change: An empirical study [J]. Journal of Management Studies. 1989, 26 (4): 361~378.

[23] Dutton J E, Fahey L, Narayanan V K. Toward understanding strategic issues diagnosis [J]. Strategic Management Journal. 1983: 307~323.

[24] Ford J D. The effects of causal attributions on decision makers, responses to performance downturns [J]. Academy of Management Review. 1985, 10 (4): 770~786.

[25] Ford J D, Baucus D A. Organizational adaptation to Performance downturns: An Interpretation-based perspective [J]. Academy of Management Review. 1987: 366~380.

[26] Lant T K, Milliken F J, Batra B. The role of managerial learning and interpretation in strategic persistence and reorientation: An empirical exploration [J]. Strategic Management Journal. 1992, 13 (8): 585~608.

[27] Nottenburg G, Fedor D B. Scarcity in the environment: Organizational perceptions, Interpretations and responses [J]. Organization Studies. 1983, 4 (4): 317~337.

[28] Thomas J B, Clark S M, Gloria D A. Strategic sense making and organizational performance: Linkages among scanning, interpretation, action, and outcomes [J]. Academy Of Management Journal. 1993, 36 (2): 239~270.

[29] Gioia D A, Chittipeddi K. Sense making and sense giving in strategic change initiation [J]. Strategic Management Journal. 1991, 12 (6): 433~448.

[30] Helfat C E, Raubitschek R. Product sequencing: co-evolution of knowledge, Capabilities, and Products [J]. Strategic Management Journal, 2000 (21): 961~979.

[31] Helfat C E, Adner R. Corporate effects and dynamic managerial capabilities [J]. Strategic Management Journal, 2003 (24): 1011~1026.

[32] Helfat C E Peteraf M. Dynamic Resource-Based View: Capability Lifecycles [J]. Strategic Management Journal, 2003, 24: 997~1010.

[33] Ensley, Pearce, Craig L. Shared cognition in top management teams: implications for new venture performance [J]. 2001, 22 (3): 145~160.

[34] Bierhal, Kohle. Shared mental models-linking team cognition and performance [J]. CoDesign, 2007 (3): 75~94.

[35] Bock, Zmud, Kim, et al. Behavioral intention formation in knowledge sharing: examining the roles of extrinsic motivators, social-psychological forces, and organizational climate [J]. MIS Quarterly, 2005, 29 (1): 87~111.

[36] Costa A C. Work team trust and effectiveness [J]. Personnel Review, 2003, 32 (5): 605~622.

[37] Costello N. Stability and Change in High-Tech Enterprises-Organizational Practices and Routines [M]. Routledge: London press, 2000.

[38] Foray D, Steinmueller W E . The economics of knowledge reproduction by inscription [J]. Industrial and Corporate Change 12 (2): 299~319.

[39] Gavetti G, D. Levinthal. Looking forward and looking backward: cognitive and experiential search [J]. Admin. Sci. Quart, 2000, 45 (1): 113~137.

[40] Foray D, Steinmueller W E. The economics of knowledge reproduction by inscription [J]. In-

dustrial and Corporate Change 12 (2): 299~319.

[41] Jun He, Brian S. Butler, William R. King Keith H. Team Cognition: Development and Evolution in Software Project Teams [J]. Journal of Management Information Systems, 2007, 24 (2): 261~292.

[42] Dean A, Shepherd Norris FKrueger. An Intentions-Based Model of Entrepreneurial Teams, Social Cognition [J]. ET&P, 2002 (2): 167~186.

[43] DeChurch, L. A. &Marks, M. A. Maximizing the benefits of task conflict: the role of conflict management [J]. International Journal of Conflict Management, 2001, 12: 4~22.

[44] West G. Collective cognition: when entrepreneurial teams, not individuals, make decisions [J]. Entrepreneurship: Theory & Practice, 2007, 31 (1): 77~102.

[45] Dosi G, Levinthal D A, et al. Bridging contested terrain: Linking incentive-based and learning perspectives on organizational evolution [J]. Industrial and Corporate Change, 2003, 12 (2): 413~436.

[46] Edmonton A C, Bohmer R M, Pisano G P. Disrupted routines: team learning and new technology implementation in hospitals [J]. Admin Sci Quart, 2001, 46 (4): 685~716.

[47] Ellis P J. System breakdown: the role of mental models and transitive memory in the relationship between acute stress and team performance [J]. Academy of Management Journal, 2006, 40 (3): 576~589.

[48] 凌文栓，杨海军，方俐洛．企业员工的组织支持感 [J]．心理学报，2006，38 (2)：281~287.

[49] 刘军，李永娟，富萍萍．高层管理团队价值观共享、冲突与绩效：一项实证检验．管理学报 [J]. 2007 (5)：119~126.

[50] 刘雪峰，张志学．模拟情景中工作团队成员互动过程的初步研究及其测量 [J]．心理学报，2005 (2)：253~259.

[51] 王国锋，李悬，井润田．高管团队冲突、凝聚力与决策质量的实证研究 [J]．南开管理评论，2007，10 (5)：89~93.

[52] 王辉，王忻蓉，徐淑英．中国企业 CEO 的领导行为及对企业经营业绩的影响 [J]．管理世界，2006 (4)：87~139.

[53] 王海霞．团队互动过程对团队效能的影响研究 [D]．博士学位论文，天津财经大学，2008.

[54] 王岚．基于认知模式的企业集群知识转移研究 [J]．科学学与科学技术管理，2008 (2)：119~132.

[55] Cavetti. G. Cognition and hierarchy: rethinking the micro-foundations of capability development [J]. Organization Science, 2005, 16, (11): 599~617.

[56] Daniel Levinthal, Claus Rerup. Crossing an apparent chasm: bridging mindful and less-mindful perspective son organizational learning [J]. Organization Science, 2006, 17 (7): 502~513.

[57] Edwards B D, Day E A, Arthur W J, et al. Relationships among Team ability composition, teammental models, and team performance [J]. Journal of Applied Psychology, 2006, 91: 727~736.

[58] Elissen, Van Raak, Paulus. Can we make sense of multidisciplinary cooperation in primary care by considering routines and rules? [J]. Health & Social Care in the Community, 2011, 19 (1): 33~42.

[59] Espnosa, Slaughter, Kraut, Herbsleb. Team Knowledge and Coordination in Geographically Distributed Software Development [J]. Journal of Management Information Systems, Summer, 2007, 24 (6): 135~169.

[60] Jehn K. Amulti-method examination of the benefits and detriments of intragroup conflict [J]. Administrative Science Quarterly, 1995, 40: 256~282.

[61] 戴国斌. 管理者战略胜任素质理论模型理论与实证研究 [D]. 中南大学, 2012.

[62] John, Y, Xiaocong, E., Shuang, S, et al. Agents with shared mental models for enhancing team decision makings [J]. Decision Support Systems, 2006, 41 (3): 634~653.

[63] 陈传明, 陈松涛. 团队战略调整能力研究——认知的视角 [J]. 江海学刊, 2007 (1): 213~219.

[64] 张良久, 周晓东. 高层管理团队冲突: 一个动态的分析模型 [J]. 软科学, 2006 (3): 69~71.

[65] 张晓虎. 符号互动与社会规范的形成 [J]. 学术论坛, 2004 (12): 64~66.

[66] 章华. 认知模式与制度演化分析 [J]. 浙江社会科学, 2005 (4): 52~58.

[67] 赵西萍, 杨扬, 辛欣. 团队能力、组织信任与团队绩效的关系研究 [J]. 科学学与科学技术管理, 2008 (3): 155~159.

[68] 杨林. 企业家认知、组织知识结构与企业战略变革的关系 [J]. 科技进步与对策, 2010 (16): 67~71.

[69] 杨志蓉. 团队快速信任、互动行为与团队创造力研究 [D]. 浙江大学博士学位论文, 2006.

[70] 林士渊. 创业型外资企业高管团队领导模式与效能机制研究 [D]. 浙江大学博士学位论文, 2007.

[71] 金建培. 中国上市公司治理结构与成长性 [D]. 浙江大学博士学位论文, 2010.

[72] 车文博. 西方心理学思想史 [M]. 长沙: 湖南教育出版社, 2007.

[73] 张厚粲. 行为主义心理学 [M]. 杭州: 浙江教育出版社, 2003.

[74] 戴国斌. 基于人本主义范式的管理者战略胜任素质研究: 理论构建与概念模型 [A]. 第三届"管理学在中国"会议论文集 [C]. 兰州: 2010.

[75] 马斯洛. 动机与人格 (第三版) [M]. 许金声等, 译. 北京: 中国人民大学出版社, 2007.

[76] [法] 萨特. 存在与虚无 [M]. 陈宣良等, 译. 北京: 生活·读书·新知三联书店, 2007.

[77] [德] 马丁·海德格尔. 存在与时间 [M]. 陈嘉映, 王庆节, 合译. 北京: 生活·读书·新知三联书店, 2006.

[78] [古希腊] 亚里士多德. 形而上学 [M]. 李真, 译. 上海: 上海人民出版社, 2005.

[79] [法] 莫里斯·梅洛-庞蒂. 知觉现象学 [M]. 姜志辉, 译. 北京: 商务印书馆, 2005.

[80] Karl Jaspers. Existenz philosophie [M]. Berlin, Walter De Gruyter&Co.: 1956.

[81] [古希腊] 柏拉图．柏拉图对话集 [M]．王太庆，译．北京：商务印书馆，2004.
[82] [古罗马] 奥古斯丁．忏悔录 [M]．任晓晋，译．上海：光明日报出版社，2007.
[83] [英] 霍布斯．利维坦 [M]．黎思复，黎廷弼，译．北京：商务印书馆，1985.
[84] [英] 洛克（John Locke）．人类理解论 [M]．谭善明，徐文秀，编译．西安：陕西人民出版社，2007.
[85] [德] 康德．纯粹理性批判 [M]．邓晓芒，译．北京：人民出版社，2004.
[86] [美] 威廉·詹姆斯．心理学原理 [M]．李红艳，编译．北京：中国商业出版社，2009.
[87] Guthrie. A History of Greek Philosophy (vol. II) [M]. London: Cambridge University Press, 1965.
[88] 北京大学哲学系外国哲学史教研室．古希腊罗马哲学 [M]．北京：商务印书馆，1961.
[89] G S Kirk, J E Raven. The Presocratic Philosopher [M]. London: Cambridge University Press, 1957.
[90] 聂敏里．论巴门尼德的“存在” [J]．中国人民大学学报，2002（1）：45~52.
[91] [德] 海德格尔．形而上学导论 [M]．熊伟，王庆节，译．北京：商务印书馆，1996.
[92] [英] 林德尔·厄威尔．管理备要 [M]．孙耀君，译．北京：中国社会科学出版社，1994.
[93] Oliver Sheldon. The Philosophy of Management [M]. New York: Sir I. Pitman, 1923.
[94] C Hodgkinson. Towards a Philosophy of Administration [M]. Oxford: Blackwell, 1978.
[95] 戴国斌．危机中的企业战略：从哲学到运作 [M]．上海：上海社会科学院出版社，2008.
[96] [明] 王阳明．传习录 [M]．张怀承，译注．郑州：中州古籍出版社，2008.
[97] 杨国荣．心学之思—王阳明哲学的阐释 [M]．上海：华东师范大学出版社，2009.
[98] Jackson Roy. Nietzsche—The Key Ideas: A Teach Yourself Guide (Teach Yourself: Reference) [M]. New York: McGraw-Hill, 2010.
[99] Howard Caygill. A Kant Dictionary [M]. Oxford: Blackwell Publishing, 1995.
[100] 苏丹．高层管理团队特征与战略变革关系研究 [D]．西南财经大学，2011，4.
[101] Johann Gottfried Herder. Selected Writings on Aesthetics [M]. Edited and translated by Gregory Moore. Princeton: Princeton University Press, 2006.
[102] Astrida Orle Tantillo. The Will to Create: Goethe's Philosophy of Nature [M]. Pittsburgh: University of Pittsburgh Press, 2004.
[103] 尚航标，黄培伦，等．企业管理认知变革的微观过程：两大国有森工集团的跟踪性案例分析 [J]．管理世界，2014年第6期：126~141.
[104] 朱武祥，宋勇．股权结构与企业价值——对家电行业上市公司实证分析 [J]．经济研究，2001，(12)：66~72.
[105] 车文博．人本主义心理学 [M]．杭州：浙江教育出版社，2003.
[106] Edmund Hermsen. Person-centered Psychotherapy and Taoism: The Reception of Lao-Tzu by Carl R. Rogers [J]. International Journal for the Psychology of Religions, 1996, 6 (2): 107~125.
[107] 姜涛．管子新注 [M]．济南：齐鲁书社，2006.

[108] 朱熹．四书集注［M］．陈戍国，标点．上海：上海社会科学出版社，2008.

[109] Marshall，Nick. Team mental models in action：a practice-based perspective［J］. Co Design，2007，3（3）：29~36.

[110] Eisenberger R，Huntington R，Hutchison S，Sowa D. Perceived organizational support［J］，Journal of Applied Psychology，1986，71：500~507.

[111] 李延喜，巴雪冰，薛光．企业成长性综合评价方法的实证研究［J］．大连理工大学学报（社会科学版），2006，9.

[112] 李益娟．基于 Logistic 回归模型的上市公司成长性判定［J］．财会月刊，2009. 2.

[113] 李有根，赵西萍，李怀祖．上市公司的董事会构成和公司绩效研究［J］．中国工业经济，2002，5.

[114] 李政．企业成长的机理分析［D］．吉林大学博士论文，2003.

[115] 林浚清，黄祖辉，孙永祥．高管团队内薪酬差距公司绩效和治理结构［J］．经济研究，2003，（4）.

[116] 陈晓红，佘坚，邹湘娟．中小上市公司成长性评价方法比较研究［J］．科研管理，2006，（1）.

[117] 胡亚权，周宏．高管薪酬、公司成长性水平与相对业绩评价——来自中国上市公司的经验证据［J］．会计研究，2012，5.

[118] Mehran. Executive Compensation Structure，Ownership，and Firm Performance［J］. Journal of Financial Economics，1995，Vo138，163~184.

[119] Hart. Corporate Governance，Some Theory and Implications［J］. Economic Journal，1995，678~689.

[120] Elizabeth Webster. The growth of enterprise intangible investment in Australia［J］. Information Economics and Policy，2000，（12）.

[121] 吕长江，金超，陈英．财务杠杆对公司成长性影响的实证研究［J］．财经问题研究，2006，267（2）：80~85.

[122] 谢军，曾晓涛．股权结构和公司成长性：上市公司股权激励结构的实证分析［J］．华南师范大学学报，2005，5（10）：55~61.

[123] 马红，王元月．融资约束、政府补贴和公司成长性——基于我国战略性新兴产业的实证研究［J］．中国管理科学，2015（11）：630~635.

[124] Prahalad，C. K.，Hamel，Gary. The Core Competence of the Corporation［J］. Harvard Review，May-June，1990.

[125] 曾江洪．中小上市公司治理与成长性的关系研究［D］．中南大学博士学位论文，2007.

[126] 邹风．董事会领导结构与公司业绩关系的实证研究［J］．转型经济下的会计与财务问题国际学术研讨会论文集（下册），2003.

[127] 周建波，孙菊生．经营者股权激励的治理效应研究——来自中国上市公司的经验证据［J］：经济研究，2003，（5）：74~82.

[128] 夏宁，董艳．高管薪酬、员工薪酬与公司的成长性——基于中国中小上市公司的经验数据［J］．会计研究，2014（9）：89~95.

[129] 朱和平，王韬．创业板上市公司成长性的实证分析［J］．华中科技大学学报，2004.

[130] 朱武祥．股权结构、公司治理与企业价值 [J]．北京：清华大学中国经济研究中心工作论文，2002.

[131] Weick K E. Sense Making in organizations [M]. Sage, 1995.

[132] Ocasio W. Towards an attention-based view of the firm [J]. Strategic Management Journal. 1997, 18 (Summer Special Issue): 187~206.

[133] Feldman Martha S. A performative perspective on stability and change in organizational routines [J]. Industrial and Corporate Change, 2003, 12 (4): 727~752.

[134] Feldman Martha S. Organizational routines as a source of continuous change [J]. Organization Science, 2000, 11 (6): 611~629.

[135] Fiore, Stephen M, Smith-Jentsch, Kimberly A. Towards an understanding of macrocognition in teams: developing and defining complex collaborative processes and products [J]. Theoretical Issues in Ergonomics Science, 2010, 11 (7): 250~271.

[136] Gentner, D, K Holyoak B Kokinov. The analogical mind: perspectives from cognitive science [M]. MIT Press, Cambridge, 2001: 1~53.

[137] Haas, Martine. Knowledge sharing and team effectiveness in challenging organizational environments [R]. 2010: 1~15.

[138] 李龙绮，谢艺．中国创业板上市公司创新能力评估 [J]．经济学家，2011 (2): 93~102.

[139] Avolio B J, Gardner W L, Walumbwa F O, Luthans F, and May D R. Unlocking the mask: A look at the process by which authentic leaders impact follower attitudes and behaviors [J]. Leadership Quarterly, 2004, 15: 801~823.

[140] Avolio B J, Gardner W L. Authentic leadership development: Getting to the root of positive forms of leadership [J]. The leadership quarterly, 2005, 16 (3): 315~338.

[141] Walumbwa F O, Avolio B J, Gardner W J, Wernsing T S &Peterson S J. Authentic leadership: Development and validation of a theory based measure [J]. Journal of Management, 2008, 34.

[142] 周蕾蕾．企业诚信领导对员工组织公民行为影响研究——以领导成员交换为中介变量 [D]．武汉大学博士学位论文，2010.

[143] 王雅琼．企业员工组织承诺对关联绩效影响的实证研究 [D]．山西师范大学，2012.

[144] 李永鑫，周海龙，田艳辉．真实型领导影响员工工作投入的多重中介效应 [J]．心理科学，2014，37 (3): 716~722.

[145] Teece D J, Pisano G, Shuen A. Dynamic capabilities and strategic management [J]. Strategic Management Journal, 1997, 18 (7): 509~533.

[146] 包立峰．以人为本企业文化的价值生态与建构 [D]．东北师范大学博士学位论文，2012.

[147] Eisenhardt K M, Martin J A. Dynamic capabilities: What are they? [J]. Strategic Management Journal. 2000, 21 (10~11): 1105~1121.

[148] Wang C L, Ahmed P K. Dynamic capabilities: A review and research agenda [J]. International Journal of Management Reviews, 2007, 9 (1): 31~51.

[149] Protogerou A, Caloghirou Y and Lioukas S. Dynamic capabilities and their indirect impact on firm performance [J]. Industrial and Corporate Change, 2012, 21 (3): 615~647.

[150] 余顺坤，王巧莲．员工发展规划系统研究——基于自适应控制理论［J］．技术经济与管理研究，2012（6）．

[151] 陈晓红，佘坚，邹湘娟．中小上市公司成长性评价方法比较研究［J］．科研管理，2006，1：145~151.

[152] 马跃如，段斌．董事会特征、高管激励方式与中小企业成长——基于国有样本与民营样本数据的对比研究［J］．科学学与科学技术管理，2010，10：180~185.

[153] 鲁小东，焦捷，朱世武．普通员工薪酬、公司规模与成长性——来自中国上市公司面板数据的经验证据［J］．清华大学学报（自然科学版），2011，51（12）：1908~1916.

[154] 谢德仁，陈运森．董事网络：定义、特征和计量［J］．会计研究，2012（3）．

[155] 余顺坤，张欧．诚信领导与员工关联绩效［J］．商业研究，2014，11：138~146.

[156] 张欧．中国企业诚信领导及其对员工关联绩效影响研究［D］．华北电力大学博士学位论文，2015.

[157] Jun He, Brian S. Butler, William R. King Keith H. Team Cognition: Development and Evolution in Software Project Teams [J]. Journal of Management Information Systems, 2007, 24 (2): 261~292.

[158] Kearney, Gebert, et al. Diversity benefits teams: the importance of team members' need for cognition [J]. Academy of Management Journal, 2009, 52 (5): 581~598.

[159] Keith H. Brigham, Julio O. De Castro, Dean A Shepher. A person-organization fit model of owner-managers congnitive style and organizational demands [J]. Enterpreneurship Theory and Practice, 2007 (1): 29~51.

[160] 马克思恩格斯选集（第一卷）［M］．北京：人民出版社，1995.

[161] 王端旭，朱晓婧，王紫薇．团队承诺影响研发人员创造力的实证研究：知识共享为中介变量［J］．科学学与科学技术管理，2009（12）：184~187.

[162] 林昭文，张同建．核心价值观认同与知识转化的相关性研究——基于国有企业研发人员的数据检验［J］．科研管理，2014（3）：124~130.

[163] 赵远胜，鲁虹．高管团队人力资本、团队认知与企业绩效的关系模型研究［J］．科技与管理，2013（7）：31~36.

[164] 赵远胜，鲁虹．国有企业高管团队内部关系资本对团队认知的作用研究［J］．科技与管理，2014（9）：121~127.

[165] 秦伟平，赵曙明，等．真我型领导与员工创造力：中介性调节机制［J］．管理科学学报，2016（12）：83~92.

[166] Guokun BAO, Shunkun YU. Study on the Relationship Between Executive Integrity and Enterprise Dynamic Ability [J]. International Journal of Simulation Systems, Science & Technology, 2016, 45: 60.1~60.5.

[167] Guokun BAO, Shunkun YU. The Effect of the Evolution of an Enterprise Dynamic Capacity on the Organization Performance [J]. International Journal of Simulation Systems, Science & Technology, 2016, 46: 58.1~58.5.

[168] Shunkun YU, Guokun BAO. Analysis on The Path to Profit or Loss of an Enterprise [J]. International Journal of Simulation Systems, Science&Technology, 2016, 46: 60. 1~60. 3.

[169] 刘松博，周红艳．高管团队行为整合在中西方的理论发展与展望［J］．现代管理科学，2013（1）：35~41.

[170] 刘丽颖．中国上市公司高管声誉的效应研究［D］．南开大学博士论文，2013（12）．

[171] Simon H A, Bounded rationality and organizational learning. Organization science. 1991 [J], 2 (1): 125~134.

[172] Simons T, Pelled L H, Smith K A. Making use of difference: Diversity, debate, and decision comprehensiveness in top management teams [J]. Academy of management journal, 1999, 42 (6): 662~673.

[173] 丁栋虹．企业家精神［M］．上海：复旦大学出版社，2015.

[174] 付悦．高管团队认知对组织双元能力开发的作用机理研究：基于组织性格的视角［J］．心理科学进展，2018，26（1）：14~25.